Capítulo 3
Operaciones básicas y relaciones

ghton
lin
court

¡VIVAN LAS MATEMÁTICAS!

Hecho en los Estados Unidos
Impreso en papel reciclado

Houghton Mifflin Harcourt

GO MATH!

¡VIVAN LAS MATEMÁTICAS!

Printed in the U.S.A.

ISBN 978-0-544-67751-7

8 9 10 0928 24 23 22 21 20

4500794189 B C D E F G

Estimados estudiantes y familiares:

Bienvenidos a **Go Math! ¡Vivan las matemáticas!** para 2do. grado. En este estimulante programa de matemáticas, encontrarán actividades prácticas y problemas de la vida diaria que tendrán que resolver. Y lo mejor de todo es que podrán escribir sus ideas y respuestas directamente en el libro. El hecho de que puedan escribir y dibujar en las páginas, les ayudará a percibir más detalladamente lo que están aprendiendo y las matemáticas serán fáciles de entender.

También deseamos compartir con ustedes algo muy importante: se ha usado papel reciclado en la impresión de este libro. Queremos que sepan que al participar en el programa **Go Math! ¡Vivan las matemáticas!** ustedes estarán ayudando a proteger el medio ambiente.

Atentamente,
Los autores

Hecho en los Estados Unidos
Impreso en papel reciclado

GO MATH!

¡VIVAN LAS MATEMÁTICAS!

Autores

Juli K. Dixon, Ph.D.
Professor, Mathematics Education
University of Central Florida
Orlando, Florida

Edward B. Burger, Ph.D.
President, Southwestern University
Georgetown, Texas

Steven J. Leinwand
Principal Research Analyst
American Institutes for Research (AIR)
Washington, D.C.

Matthew R. Larson, Ph.D.
K-12 Curriculum Specialist for Mathematics
Lincoln Public Schools
Lincoln, Nebraska

Martha E. Sandoval-Martinez
Math Instructor
El Camino College
Torrance, California

Colaboradora

Rena Petrello
Professor, Mathematics
Moorpark College
Moorpark, California

Consultores de English Language Learners

Elizabeth Jiménez
CEO, GEMAS Consulting
Professional Expert on English Learner Education
Bilingual Education and Dual Language
Pomona, California

Suma y resta

Estándares comunes **Área de atención** Desarrollar la fluidez con la suma y la resta

3 Operaciones básicas y relaciones 159

ESTÁNDARES ESTATALES COMUNES

2.OA Operaciones y pensamiento algebraico

Agrupación A Representan y resuelven problemas relacionados a la suma y a la resta.
2.OA.A.1

Agrupación B Suman y restan hasta el número 20.
2.OA.B.2

Agrupación C Trabajan con grupos de objetos equivalentes para establecer los fundamentos para la multiplicación.
2.OA.C.4

Área de atención

APRENDE EN LÍNEA

¡Aprende en línea! Tus lecciones de matemáticas son interactivas. Usa iTools, Modelos matemáticos animados y el Glosario multimedia entre otros.

Presentación del Capítulo 3

En este capítulo, explorarás y descubrirás las respuestas a las siguientes **Preguntas esenciales**:

- ¿Cómo puedes usar patrones y estrategias para hallar la suma y la diferencia de operaciones básicas?
- ¿Cuáles son las estrategias para recordar las operaciones de suma y de resta?
- ¿Cómo están relacionadas la suma y la resta?

Entrenador personal en matemáticas
Evaluación e intervención en línea

PRACTICA MÁS CON EL
Entrenador personal en matemáticas

Práctica y tarea

Repaso de la lección y Repaso en espiral en cada lección

Todo sobre los animales

por John Hudson

Estándares comunes ÁREA DE ATENCIÓN Desarrollar la fluidez con la suma y la resta

La jirafa es el animal terrestre más alto del mundo. Las jirafas adultas miden de 13 a 17 pies de altura. Las jirafas recién nacidas miden unos 6 pies de altura.

Un grupo de 5 jirafas bebe agua en un abrevadero. Otro grupo de 5 jirafas come hojas de un árbol. ¿Cuántas jirafas hay en total?

______ jirafas

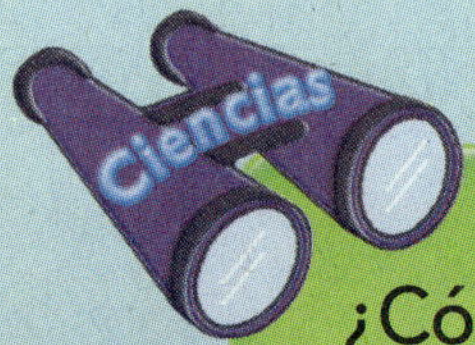

¿Cómo cuidan las jirafas a sus crías?

El avestruz es el ave más grande del mundo. Los avestruces no pueden volar, pero pueden correr rápido. ¡Los huevos de avestruz pesan unas 3 libras cada uno! Varias avestruces ponen huevos en un nido compartido.

Hay 6 huevos en un nido. Luego ponen 5 huevos más en ese nido. ¿Cuántos huevos hay en el nido ahora?

_______ huevos

Ciencias

¿Cómo cuidan los avestruces a sus crías?

Los canguros saltan con las dos patas traseras para moverse rápido. Cuando se mueven lentamente, usan las cuatro patas.

Los canguros grises occidentales viven en grupos llamados manadas. En una manada hay 8 canguros. Luego se unen 4 canguros más a la manada. ¿Cuántos canguros tiene la manada en total?

______ canguros

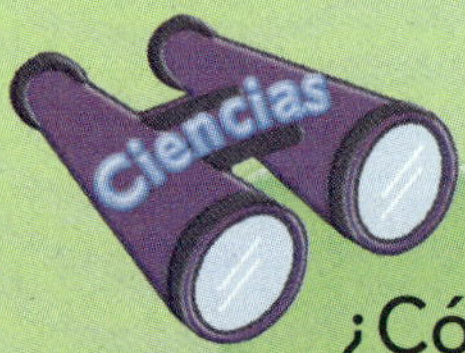

¿Cómo cuidan los canguros a sus crías?

A los jabalíes les gusta comer raíces. Cavan con sus fuertes hocicos. Los jabalíes pueden medir hasta 6 pies de largo.

Los jabalíes viven en grupos llamados piaras. En una piara hay 14 jabalíes. Si hay 7 jabalíes comiendo, ¿cuántos jabalíes no están comiendo?

_______ jabalíes

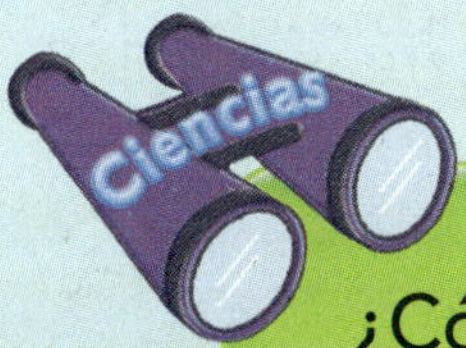

¿Cómo cuidan los jabalíes a sus crías?

Los alces son el tipo de ciervo más grande. Los machos tienen cuernos que miden de 5 a 6 pies de ancho. Los alces saben trotar y galopar. ¡También son buenos nadadores!

Un guardabosques vio 7 alces por la mañana y 6 alces por la tarde. ¿Cuántos alces vio el guardabosques ese día?

_______ alces

¿Cómo cuidan los alces a sus crías?

Nombre ________________________________

Escribe sobre el cuento

Elige un tipo de animal.
Haz un dibujo y escribe tu propio cuento sobre ese tipo de animal.
Haz sumas en tu cuento.

Repaso del vocabulario

suma   en total

jirafa

avestruz

canguro

ESCRIBE **Matemáticas**

____

____

____

____

¿Cuántos huevos hay?

Dibuja más huevos de avestruz en cada nido. Escribe un enunciado de suma debajo de cada nido para mostrar cuántos huevos hay en cada nido ahora.

Elige otro animal del cuento.
Escribe otro cuento que tenga suma.

Capítulo 3

Operaciones básicas y relaciones

Piensa como matemático

El pez loro vive cerca de los arrecifes de coral en aguas oceánicas tropicales. Desprende con sus dientes afilados el alimento del coral.

Imagina que hay 10 peces loro comiendo en el coral. 3 peces se van nadando. ¿Cuántos peces están aún comiendo?

Nombre ______________________________

Muestra lo que sabes

Entrenador personal en matemáticas
Evaluación e intervención en línea

Usa símbolos para sumar

Usa el dibujo. Usa + e = para completar el enunciado de suma. (K.OA.A.5)

1.

3 ◯ 1 ◯ 4

2.

2 ◯ 3 ◯ 5

Sumas hasta el 10

Escribe la suma. (1.OA.C.6)

3. 4 + 3 = ____

4. 5 + 0 = ____

5. 2 + 7 = ____

6. 6 + 2 = ____

7. 9 + 1 = ____

Dobles y dobles más uno

Escribe el enunciado de suma. (1.OA.C.6)

8.

____ ◯ ____ ◯ ____

9.

____ ◯ ____ ◯ ____

Esta página es para verificar la comprensión de destrezas importantes que se necesitan para tener éxito en el Capítulo 3.

Nombre ______________________________

Desarrollo del vocabulario

Palabras de repaso
suma
resta
más
menos
igual
contar hacia adelante
contar hacia atrás

Visualízalo

Clasifica las palabras de repaso en el organizador gráfico.

Palabras de **suma** Palabras de **resta**

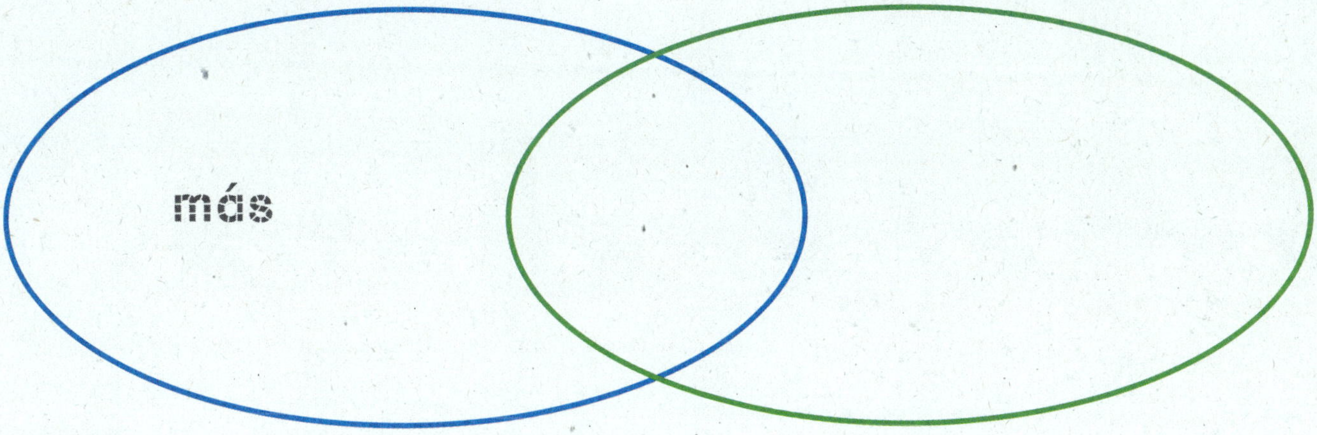

Comprende el vocabulario

1. Encierra en un círculo el enunciado de **suma**. $3 + 6 = 9$ $9 - 6 = 3$

2. Encierra en un círculo el enunciado de **resta**. $8 + 2 = 10$ $10 - 2 = 8$

3. Encierra en un círculo la operación de **contar hacia adelante**. $5 - 1 = 4$ $4 + 1 = 5$

4. Encierra en un círculo la operación de **contar hacia atrás**. $8 - 2 = 6$ $6 + 2 = 8$

APRENDE EN LÍNEA
- Libro interactivo del estudiante
- Glosario multimedia

Juego En busca de la oruga

Materiales

- 1
- 1
- 1

Juega con un compañero.

1. Coloca el cubo en la SALIDA.
2. Lanza el y muévete esa cantidad de espacios.
3. Di la suma o la diferencia. Tu compañero revisa tu respuesta.
4. Túrnense. El primer jugador que alcanza la LLEGADA gana.

Vocabulario del Capítulo 3

decenas tens 18	**diferencia** difference 20
dígito digit 21	**es igual a** is equal to (=) 25
números impares odd numbers 46	**números pares** even numbers 47
suma sum 59	**sumandos** addends 60

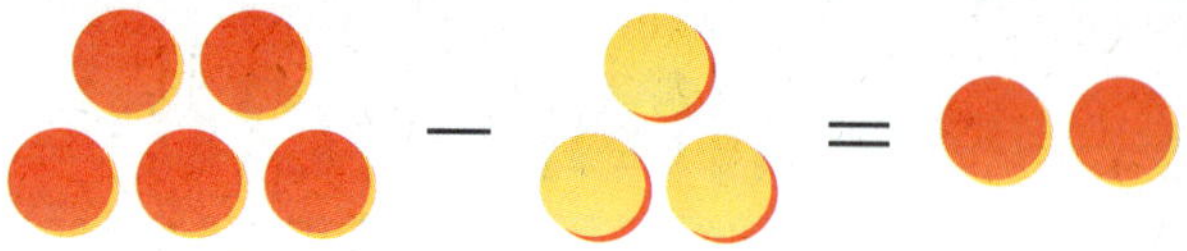

5 − 3 = 2

↑ diferencia

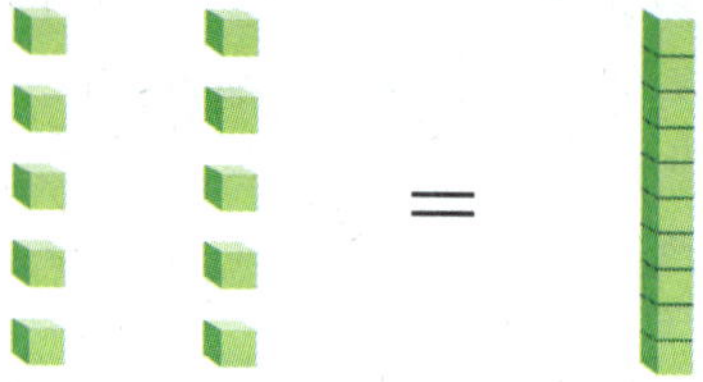

10 unidades = 1 decena

2 más 1 es igual a 3

2 + 1 = 3

0, 1, 2, 3, 4, 5, 6, 7, 8, y 9 son **dígitos**.

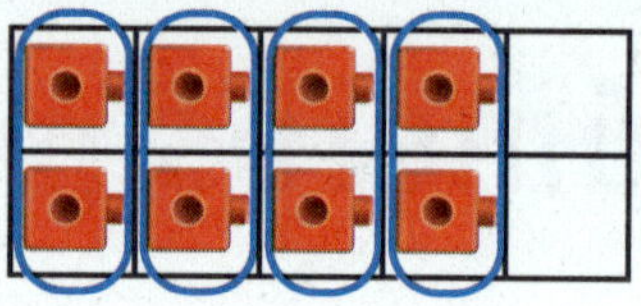

Los números pares muestran pares sin cubos que sobren.

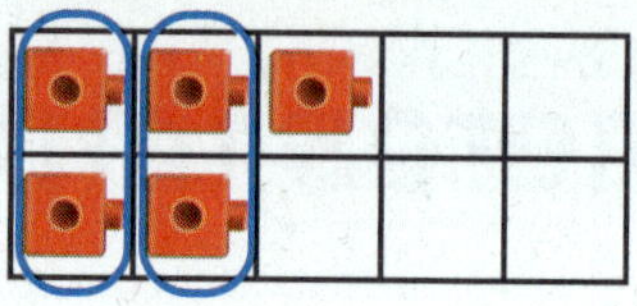

Los números impares muestran pares con un cubo de sobra.

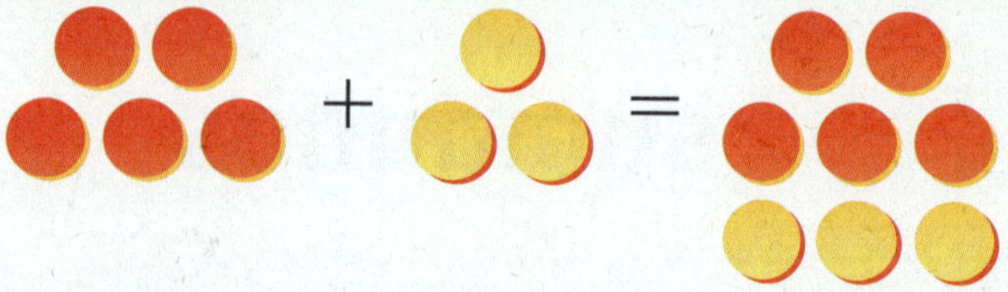

5 + 3 = 8

sumandos

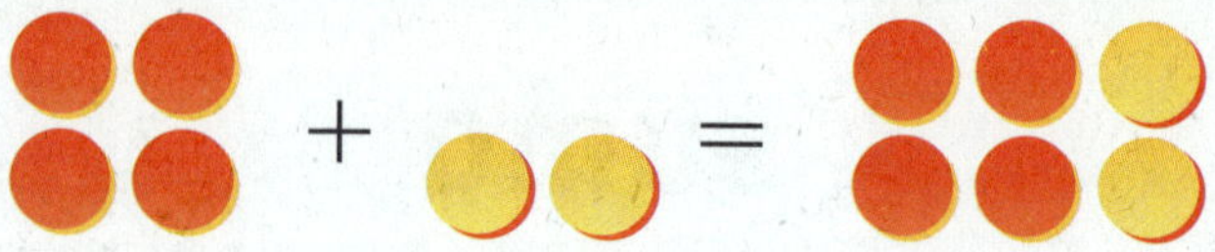

4 + 2 = 6

↑ suma

¡Vamos al arrecife de coral!

Recuadro de palabras
decena
diferencia
dígito
es igual a (=)
números pares
números impares
suma
sumandos

Jugadores: 2

Materiales

- 1
- 1
- 1

Instrucciones

1. Cada jugador elige un y lo coloca en la SALIDA.
2. Lanza el para jugar tu turno. Mueve el esa cantidad de espacio alrededor del recorrido hacia la derecha.
3. Si caes en estos cuadrados:
   Espacio blanco Di el significado de la palabra de matemáticas o úsala en una oración. Si es correcto, salta hacia el siguiente espacio con esa palabra.
   Espacio verde Sigue las instrucciones del espacio. Si no hay instrucciones, te quedas en el mismo lugar.
4. El primer jugador que llega a la META, es el ganador.

Juego

INSTRUCCIONES

1. Cada jugador elige un [ficha] y lo coloca en la SALIDA.
2. Lanza el [cubo numerado] para jugar tu turno. Mueve el [ficha] esa cantidad de espacios alrededor del recorrido hacia la derecha.
3. Si caes en estos cuadrados:
   Espacio blanco Di el significado de la palabra de matemática o úsala en una oración. Si es correcto, salta hacia el siguiente espacio que tenga esa palabra.
   Espacio verde Sigue las instrucciones del espacio. Si no hay instrucciones, te quedas en el mismo lugar.
4. El primer jugador que llega a la META, es el ganador.

MATERIALES • 1 [ficha roja] • 1 [ficha azul] • 1 [cubo numerado]

META | suma | números pares | números impares | sumandos

suma | sumandos | Retrocede | diferencia | decenas

números pares | números impares | dígito | es igual a | [espacio verde]

dígito | números | números pares | suma | sumandos

es igual a | decenas | Retrocede | sumandos | suma

SALIDA | decenas | es igual a | dígito | números impares

es igual a
Retrocede
decenas
diferencia
Retrocede
es igual a
dígito
números impares
números pares
suma
decenas
sumandos
suma
números pares
números impares
diferencia
decena
es igual a
dígito
números pares
números impares
dígito
decenas
números pares
suma
sumandos
diferencia

Escríbelo

Reflexiona

Elige una idea. Escribe acerca de la idea en el espacio de abajo.

- Piensa en lo que hiciste en la clase de matemáticas de hoy.
  Completa esta oración:

  Aprendí que _____.

- Escribe tu propio problema para que uses la suma. Luego pide a un compañero que resuelva el problema.

- Usa las palabras *sumandos* y *suma* para explicar cómo se resuelve este problema:

  12 + 23 = _____.

Nombre ______________________________

Usar operaciones de dobles

Pregunta esencial ¿Cómo puedes usar operaciones de dobles para hallar la suma de operaciones de dobles cercanas?

Estándares comunes **Operaciones y pensamiento algebraico—2.OA.B.2**
PRÁCTICAS MATEMÁTICAS
MP1, MP4, MP7

Escucha y dibuja (En el mundo)

Haz un dibujo para mostrar el problema. Luego escribe un enunciado de suma para el problema.

_____ ◯ _____ ◯ _____

_____ carritos

PARA EL MAESTRO • Lea el siguiente problema y pida a los niños que hagan un dibujo del problema. Nathan tiene 6 carritos. Alisha le regala 6 carritos más. ¿Cuántos carritos tiene Nathan ahora? Después de que los niños escriban el enunciado de suma, pídales que mencionen otras operaciones de dobles que conozcan.

Charla matemática — PRÁCTICAS MATEMÁTICAS 4

Representa Explica por qué decimos que $4 + 4 = 8$ es una operación de dobles.

Representa y dibuja

Puedes usar operaciones de dobles para hallar las sumas de otras operaciones.

$3 + 4 = ?$

↓

$3 + 3 + 1 = ?$

$3 + 3 = 6$

$6 + 1 = 7$

Por lo tanto, $3 + 4 =$ _______.

$7 + 6 = ?$

↓

$7 + 7 - 1 = ?$

$7 + 7 = 14$

$14 - 1 = 13$

Por lo tanto, $7 + 6 =$ _______.

Comparte y muestra MATH BOARD

Escribe una operación de dobles que te sirva para hallar la suma. Escribe la suma.

1. $2 + 3 =$ _______

_____ + _____ = _____

2. $4 + 5 =$ _______

_____ + _____ = _____

3. $4 + 3 =$ _______

_____ + _____ = _____

4. $6 + 7 =$ _______

_____ + _____ = _____

✓5. $5 + 6 =$ _______

_____ + _____ = _____

✓6. $8 + 7 =$ _______

_____ + _____ = _____

Nombre ______________________________

Por tu cuenta MATH BOARD

Escribe una operación de dobles que te sirva para hallar la suma. Escribe la suma.

7. $5 + 4 =$ ______

______ + ______ = ______

8. $6 + 5 =$ ______

______ + ______ = ______

9. $6 + 7 =$ ______

______ + ______ = ______

10. $7 + 8 =$ ______

______ + ______ = ______

11. $8 + 9 =$ ______

______ + ______ = ______

12. $5 + 6 =$ ______

______ + ______ = ______

13. $7 + 6 =$ ______

______ + ______ = ______

14. $9 + 8 =$ ______

______ + ______ = ______

15. **PIENSA MÁS** El Sr. Norris escribió una operación de dobles. Tiene una suma mayor que 6. Los números que sumó son menores que 6. ¿Qué operación pudo haber escrito?

____

Resolución de problemas • Aplicaciones En el mundo

ESCRIBE Matemáticas

Resuelve. Escribe o dibuja para explicar.

16. PRÁCTICA MATEMÁTICA 1 **Analiza**
Andrea tiene 8 botones rojos y 9 botones azules. ¿Cuántos botones tiene Andrea?

_______ botones

17. MÁS AL DETALLE Henry ve 3 conejos. Callie ve el doble de ese número de conejos. ¿Cuántos conejos ve Callie más que Henry?

_______ conejos más

18. PIENSA MÁS ¿Podrías usar la operación de dobles para hallar la suma de 4 + 5? Elige Sí o No.

4 + 4 = 8	○ Sí	○ No
5 + 5 = 10	○ Sí	○ No
9 + 9 = 18	○ Sí	○ No

ACTIVIDAD PARA LA CASA • Pida a su niño que escriba tres operaciones de dobles con sumas menores que 17.

Nombre ______________________________

Usar operaciones de dobles

Estándares comunes **ESTÁNDARES COMUNES—2.OA.B.2**
Suman y restan hasta el número 20.

Escribe una operación de dobles que puedas usar para hallar la suma. Escribe la suma.

1. 2 + 3 = ____

____ + ____ = ____

2. 7 + 6 = ____

____ + ____ = ____

3. 3 + 4 = ____

____ + ____ = ____

4. 8 + 9 = ____

____ + ____ = ____

Resolución de problemas En el mundo

Resuelve. Escribe o dibuja la explicación.

5. Hay 4 hormigas en un tronco. Luego 5 hormigas trepan al tronco. ¿Cuántas hormigas hay en el tronco ahora?

____ hormigas

6. ESCRIBE Matemáticas Dibuja o escribe para mostrar dos formas de usar operaciones de dobles para hallar 6 + 7.

____

____

Repaso de la lección (2.OA.B.2)

1. Escribe una operación de dobles que puedas usar para hallar la suma. Escribe la suma.

$4 + 3 =$ ____

____ + ____ = ____

2. Escribe una operación de dobles que puedas usar para hallar la suma. Escribe la suma.

$6 + 7 =$ ____

____ + ____ = ____

Repaso en espiral (2.OA.C.3, 2.NBT.A.1, 2.NBT.A.3, 2.NBT.A.4)

3. En la escuela de Lia hay 451 niños. ¿Qué número es mayor que 451?

____

4. ¿Qué número muestran estos bloques?

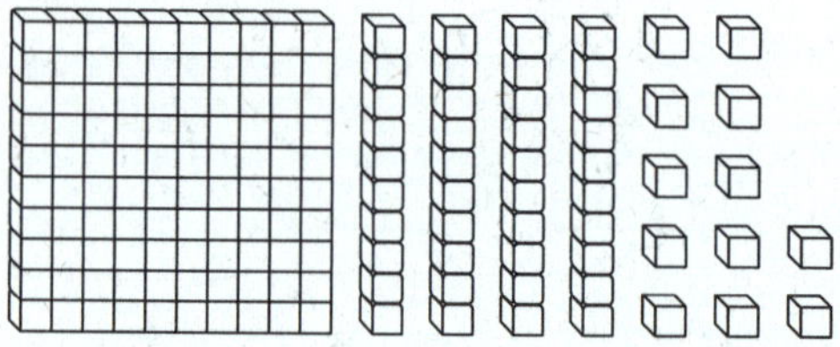

____

5. Escribe un número con el dígito 8 en el lugar de las decenas.

____

6. Encierra en un círculo la suma que es un número par.

$2 + 3 = 5$

$3 + 4 = 7$

$4 + 5 = 9$

$6 + 6 = 12$

Nombre ____________________

Practicar operaciones de suma

Pregunta esencial ¿De qué maneras se pueden recordar las sumas?

Estándares comunes **Operaciones y pensamiento algebraico—2.OA.B.2**
PRÁCTICAS MATEMÁTICAS
MP1, MP7, MP8

Escucha y dibuja En el mundo

Haz dibujos para mostrar los problemas.

____

____

PARA EL MAESTRO • Lea los dos problemas siguientes. Pida a los niños que hagan un dibujo y que escriban un enunciado numérico para cada uno. El lunes, Tony vio 3 perros y 6 gatos. ¿Cuántos animales vio? El martes, Tony vio 6 perros y 3 gatos. ¿Cuántos animales vio?

Charla matemática PRÁCTICAS MATEMÁTICAS 1

Analiza Explica en qué se parecen los dos problemas. Explica en qué se diferencian.

Representa y dibuja

Estas son maneras de recordar operaciones.

Puedes contar hacia adelante 1, 2 ó 3.

$6 + 1 = \underline{7}$

$6 + 2 = \underline{8}$

$6 + 3 = \underline{9}$

Cambiar el orden de los **sumandos** no cambia la suma.

$\underline{8} = 2 + 6$

$\underline{8} = 6 + 2$

Comparte y muestra

MATH BOARD

Escribe las sumas.

1. $4 + 4 =$ ____

   $4 + 5 =$ ____

2. $5 + 0 =$ ____

   $2 + 0 =$ ____

3. $3 + 8 =$ ____

   $8 + 3 =$ ____

4. ____ $= 5 + 5$

   ____ $= 5 + 4$

5. $5 + 7 =$ ____

   $7 + 5 =$ ____

6. ____ $= 7 + 7$

   ____ $= 7 + 8$

7. ____ $= 3 + 7$

   ____ $= 7 + 3$

8. $9 + 3 =$ ____

   $3 + 9 =$ ____

9. ____ $= 6 + 6$

   ____ $= 6 + 5$

Nombre ____________________

Por tu cuenta

Escribe las sumas.

10. $7 + 1 =$ ____	**11.** ____ $= 4 + 0$	**12.** $5 + 5 =$ ____
$1 + 7 =$ ____	____ $= 9 + 0$	$5 + 4 =$ ____
13. $8 + 2 =$ ____	**14.** $3 + 3 =$ ____	**15.** $7 + 8 =$ ____
$2 + 8 =$ ____	$3 + 4 =$ ____	$8 + 7 =$ ____
16. ____ $= 4 + 1$	**17.** $0 + 7 =$ ____	**18.** $8 + 8 =$ ____
____ $= 1 + 4$	$0 + 6 =$ ____	$8 + 9 =$ ____
19. $5 + 3 =$ ____	**20.** ____ $= 9 + 9$	**21.** $6 + 7 =$ ____
$3 + 5 =$ ____	____ $= 9 + 8$	$7 + 6 =$ ____

22. **PIENSA MÁS** Sam pintó 3 cuadros. Ellie pintó el doble que ese número de cuadros. ¿Cuántos cuadros pintaron en total?

________ cuadros

Resolución de problemas • Aplicaciones En el mundo

ESCRIBE Matemáticas

Resuelve. Escribe o dibuja para explicar.

23. MÁS AL DETALLE Chloe hace 8 dibujos. Reggie hace 1 dibujo más que Chloe. ¿Cuántos dibujos hacen en total?

_______ dibujos

24. PRÁCTICA MATEMÁTICA 1 **Analiza** Joanne hizo 9 tazones de arcilla la semana pasada. Hizo el mismo número de tazones esta semana. ¿Cuántos tazones de arcilla hizo en las dos semanas?

_______ tazones de arcilla

25. PIENSA MÁS + Hay 9 pasas en el tazón. Devon coloca 8 pasas más. Completa el enunciado de suma para hallar cuántas pasas hay en el tazón ahora.

Entrenador personal en matemáticas

_______ + _______ = _______

_______ uvas pasas

ACTIVIDAD PARA LA CASA • Pida a su niño que escriba varias operaciones de suma que conozca.

Nombre ________________________

Practicar operaciones de suma

Estándares comunes **ESTÁNDARES COMUNES—2.OA.B.2**
Suman y restan hasta el número 20.

Escribe las sumas.

1. 9 + 1 = ____ 1 + 9 = ____	2. 7 + 6 = ____ 6 + 7 = ____	3. 8 + 0 = ____ 5 + 0 = ____
4. ____ = 7 + 9 ____ = 9 + 7	5. 4 + 4 = ____ 4 + 5 = ____	6. 9 + 9 = ____ 9 + 8 = ____
7. 8 + 8 = ____ 8 + 7 = ____	8. 2 + 2 = ____ 2 + 3 = ____	9. ____ = 6 + 3 ____ = 3 + 6
10. 6 + 6 = ____ 6 + 7 = ____	11. ____ = 0 + 7 ____ = 0 + 9	12. 5 + 5 = ____ 5 + 6 = ____

Resolución de problemas En el mundo

Resuelve. Escribe o dibuja para explicar.

13. Jason tiene 7 rompecabezas. Quincy tiene el mismo número de rompecabezas que Jason. ¿Cuántos rompecabezas tienen los dos?

____ rompecabezas

14. ESCRIBE **Matemáticas** Escribe o dibuja para explicar una forma de hallar las sumas: 6 + 7, 8 + 4, 2 + 9.

____

____

Repaso de la lección (2.OA.B.2)

1. ¿Cuál es la suma?

$8 + 7 =$ ____

2. ¿Cuál es la suma?

$2 + 9 =$ ____

Repaso en espiral (2.NBT.A.2, 2.NBT.A.3, 2.NBT.A.4, 2.NBT.B.8)

3. Escribe otra manera de describir 43.

____ + ____

4. Escribe el número que es 100 más que 276.

____

5. Cuenta de diez en diez.

20, 30, 40, ____, ____, ____

6. Escribe <, >, o = para comparar.

127 ____ 142

Nombre ____________________________________

Álgebra • Formar una decena para sumar

Pregunta esencial ¿Cómo se usa la estrategia de formar una decena para hallar la suma?

Estándares comunes **Operaciones y pensamiento algebraico—2.OA.B.2**

PRÁCTICAS MATEMÁTICAS
MP1, MP7, MP8

Escucha y dibuja *En el mundo*

Escribe la operación debajo del cuadro de diez cuando escuches el problema que coincida con el modelo.

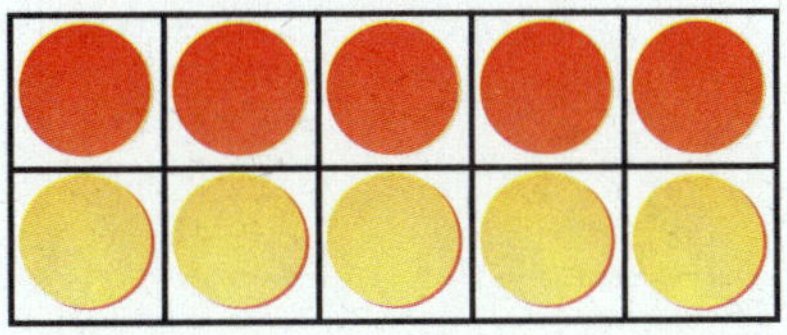

____

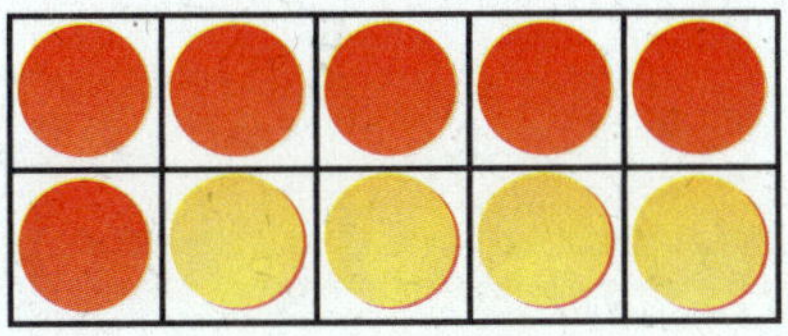

____

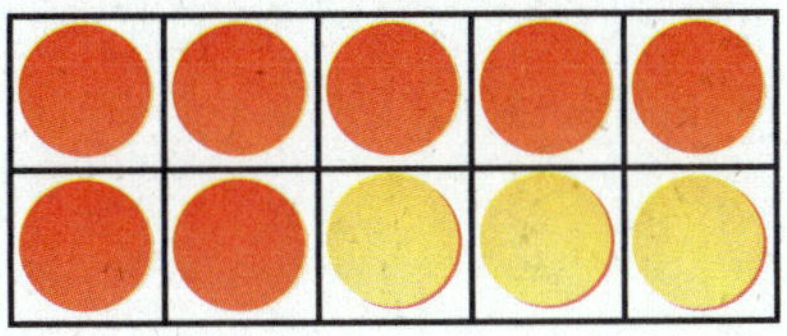

____

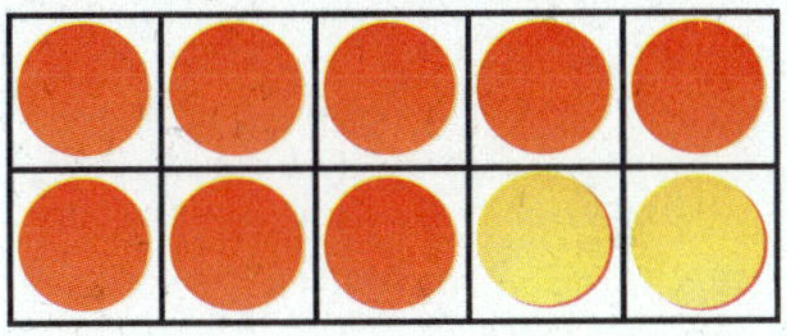

____

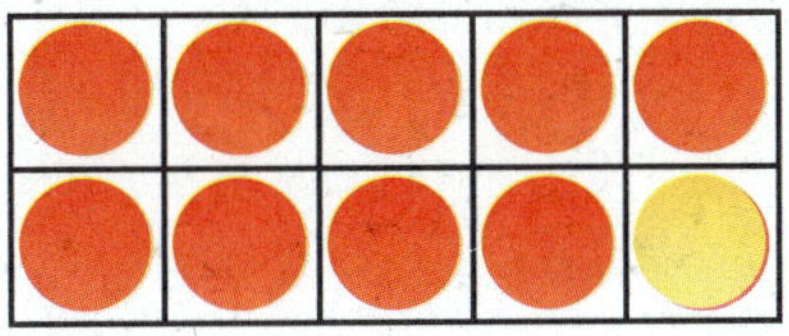

____

PARA EL MAESTRO • Lea el siguiente problema. Hay 6 perros grandes y 4 perros pequeños. ¿Cuántos perros hay en total? Pida a los niños que hallen el cuadro de diez que represente el problema y escriban el enunciado de suma. Repita el problema con cada operación de suma que representan los otros cuadros de diez.

Charla matemática — PRÁCTICAS MATEMÁTICAS 7

Buscar estructuras
Describe el patrón que ves en estas operaciones para formar una decena.

Representa y dibuja

$7 + 5 = ?$

Debes sumar 3 y 7 para formar una decena. Separa 5 en 3 y 2.

$7 + 5$

$7 + 3 + 2$

$10 + 2 =$ 12

Por lo tanto, $7 + 5 =$ ______.

Comparte y muestra

MATH BOARD

Muestra cómo formar una decena para hallar la suma. Escribe la suma.

1. $8 + 3 =$ ______

2 1

$10 +$ ______ $=$ ______

2. $2 + 9 =$ ______

1 1

$10 +$ ______ $=$ ______

3. $8 + 5 =$ ______

$10 +$ ______ $=$ ______

4. $4 + 7 =$ ______

$10 +$ ______ $=$ ______

5. $3 + 9 =$ ______

$10 +$ ______ $=$ ______

6. $7 + 6 =$ ______

$10 +$ ______ $=$ ______

Nombre ____________________

Por tu cuenta MATH BOARD

Muestra cómo formar una decena para hallar la suma.
Escribe la suma.

7. 4 + 9 = ____

3 1

10 + ____ = ____

8. 9 + 8 = ____

1 7

10 + ____ = ____

9. 8 + 6 = ____

10 + ____ = ____

10. 5 + 9 = ____

10 + ____ = ____

11. 7 + 9 = ____

10 + ____ = ____

12. 8 + 4 = ____

10 + ____ = ____

13. MÁS AL DETALLE Álex está pensando en una operación de dobles. Tiene una suma mayor que la suma de 7 + 7 pero menor que la suma de 8 + 9. ¿En qué operación está pensando Álex?

____ + ____ = ____

14. PIENSA MÁS Hay 5 abejas en una colmena. ¿Cuántas abejas más tienen que entrar en la colmena para que haya 14 en total?

Matemáticas al instante

____ abejas más

Resolución de problemas • Aplicaciones En el mundo

ESCRIBE Matemáticas

Resuelve. Escribe o dibuja para explicar.

15. PRÁCTICA MATEMÁTICA 1 **Analiza** Hay 9 **bicicletas** grandes en la tienda. Hay 6 bicicletas pequeñas en la tienda. ¿Cuántas bicicletas hay en la tienda?

_____ bicicletas

16. MÁS AL DETALLE Max está pensando en una operación de dobles. Tiene una suma mayor que la suma de 6 + 4 pero menor que la suma de 8 + 5. ¿En qué operación está pensando Max?

_____ + _____ = _____

17. PIENSA MÁS Natasha tiene 8 caracoles. Luego encuentra 5 caracoles más. Haz un dibujo para mostrar cómo hallar el total de caracoles que tiene.

¿Cuántos caracoles tiene ahora? _____ caracoles

ACTIVIDAD PARA LA CASA • Pida a su niño que diga pares de números que tengan una suma de 10. Luego pídale que escriba los enunciados de suma.

Nombre ______

Álgebra • Formar una decena para sumar

ESTÁNDARES COMUNES—2.OA.B.2
Suman y restan hasta el número 20.

Muestra cómo formar una decena para hallar la suma. Escribe la suma.

1. 9 + 7 = ____
1 6
10 + ____ = ____

2. 8 + 5 = ____
10 + ____ = ____

3. 8 + 6 = ____
10 + ____ = ____

4. 3 + 9 = ____
10 + ____ = ____

5. 8 + 7 = ____
10 + ____ = ____

6. 6 + 5 = ____
10 + ____ = ____

Resolución de problemas
En el mundo

Resuelve. Escribe o dibuja para explicar.

7. Hay 9 niños en el autobús. Luego suben 8 niños más al autobús. ¿Cuántos niños hay en el autobús ahora?

____ niños

8. ESCRIBE Matemáticas Describe cómo puedes usar la estrategia de formar una decena para hallar la suma de 7 + 9.

______

Repaso de la lección (2.OA.B.2)

1. Encierra en un círculo la operación que tenga la misma suma que 8 + 7.

10 + 3
10 + 4
10 + 5
10 + 6

2. Escribe una operación que tenga la misma suma que 7 + 5.

____ + ____

Repaso en espiral (2.OA.C.3, 2.NBT.A.3)

3. Escribe el número que se muestra como 200 + 10 + 7.

____

4. Encierra en un círculo el número impar.

2   4   6   7

5. ¿Cuál es el valor del dígito subrayado?

<u>6</u>5

____

6. ¿Cuál es otra manera de escribir el número 47?

____ decenas ____ unidades

Nombre ______________________________

Álgebra • Sumar 3 sumandos

Pregunta esencial ¿Cómo sumas tres números?

Estándares comunes **Operaciones y pensamiento algebraico—2.OA.B.2**
También 2.NBT.5

PRÁCTICAS MATEMÁTICAS
MP1, MP7, MP8

Escucha y dibuja

Escribe la suma de cada par de sumandos.

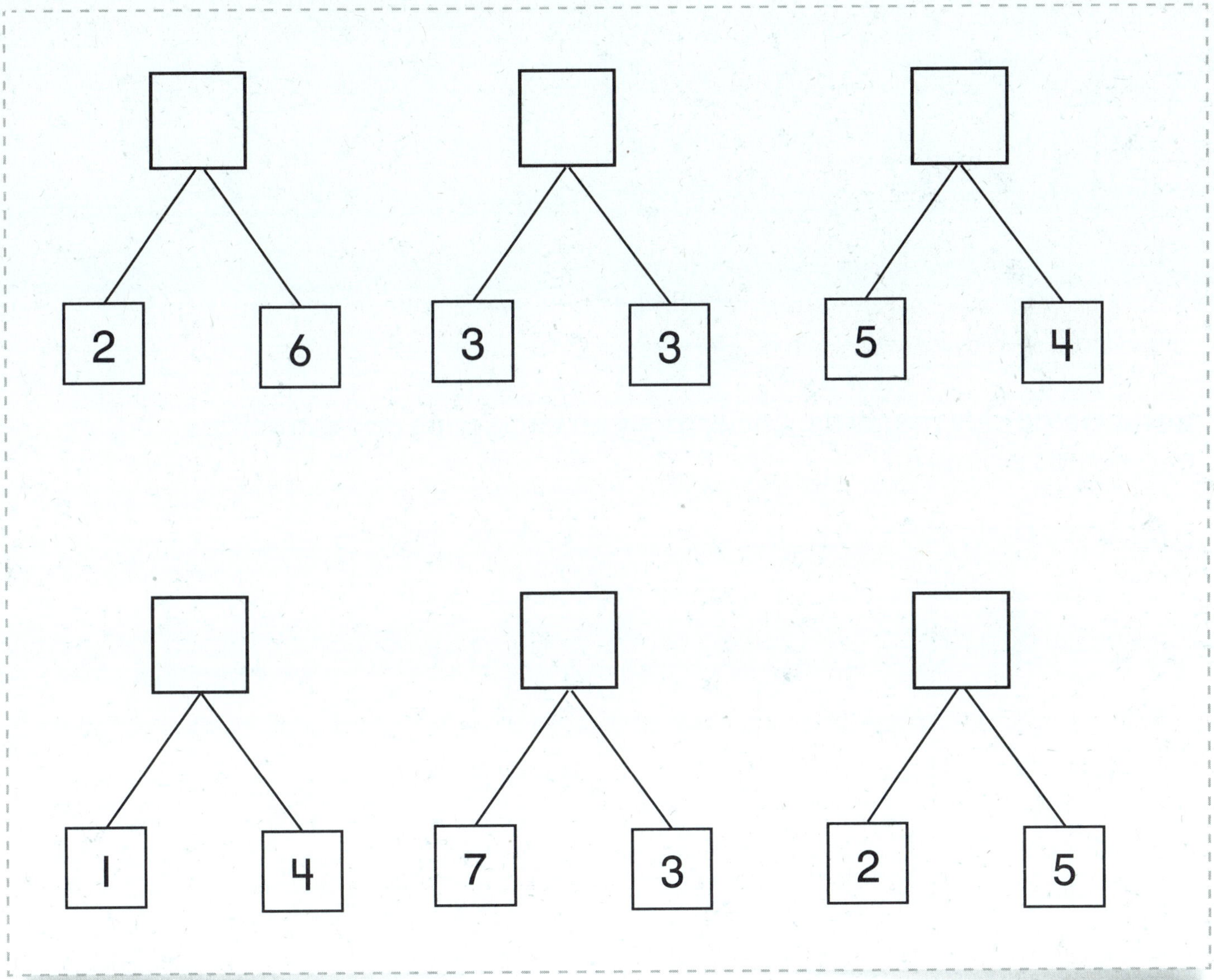

PARA EL MAESTRO • Después de que los niños anoten la suma de cada par de sumandos, pídales que compartan sus resultados y comenten las estrategias que usaron.

Charla matemática **PRÁCTICAS MATEMÁTICAS** 1

Describe cómo hallaste la suma de 5 y 4.

Representa y dibuja

Puedes agrupar números de diferentes maneras para sumar.

Elige dos sumandos.
Busca operaciones que conozcas.

Cambiar la manera en que los números están agrupados no cambia la suma.

$3 + 2 + 7 = ?$	$3 + 2 + 7 = ?$	$3 + 2 + 7 = ?$
$5 + 7 = \underline{12}$	$3 + 9 = \_\_\_\_$	$10 + 2 = \_\_\_\_$

Comparte y muestra MATH BOARD

Resuelve de dos maneras. Encierra en un círculo los dos sumandos que sumas primero.

1. $1 + 8 + 2 = \_\_\_\_$ $1 + 8 + 2 = \_\_\_\_$

2. $7 + 3 + 3 = \_\_\_\_$ $7 + 3 + 3 = \_\_\_\_$

3. $4 + 2 + 4 = \_\_\_\_$ $4 + 2 + 4 = \_\_\_\_$

4. $2 + 8 + 2 = \_\_\_\_$ $2 + 8 + 2 = \_\_\_\_$

5. $\begin{array}{r} 3 \\ 2 \\ +\ 6 \\ \hline \end{array}$ $\begin{array}{r} 3 \\ 2 \\ +\ 6 \\ \hline \end{array}$

6. $\begin{array}{r} 7 \\ 0 \\ +\ 2 \\ \hline \end{array}$ $\begin{array}{r} 7 \\ 0 \\ +\ 2 \\ \hline \end{array}$

Nombre ______________________________

Por tu cuenta

Resuelve de dos maneras. Encierra en un círculo los dos sumandos que sumas primero.

7. 4 + 1 + 6 = ______ 4 + 1 + 6 = ______

8. 4 + 3 + 3 = ______ 4 + 3 + 3 = ______

9. 1 + 5 + 3 = ______ 1 + 5 + 3 = ______

10. 6 + 4 + 4 = ______ 6 + 4 + 4 = ______

11. 5 + 5 + 5 = ______ 5 + 5 + 5 = ______

12. 7 + 0 + 6 = ______ 7 + 0 + 6 = ______

13.
$$\begin{array}{r} 5 \\ 3 \\ +\ 4 \\ \hline \end{array} \qquad \begin{array}{r} 5 \\ 3 \\ +\ 4 \\ \hline \end{array}$$

14.
$$\begin{array}{r} 4 \\ 2 \\ +\ 5 \\ \hline \end{array} \qquad \begin{array}{r} 4 \\ 2 \\ +\ 5 \\ \hline \end{array}$$

PRÁCTICA MATEMÁTICA 7 **Busca una estructura**

Escribe el sumando que falta.

15.
$$\begin{array}{r} 5 \\ 5 \\ +\ \square \\ \hline 14 \end{array}$$

16.
$$\begin{array}{r} 4 \\ \square \\ +\ 4 \\ \hline 12 \end{array}$$

17.
$$\begin{array}{r} 3 \\ \square \\ +\ 7 \\ \hline 11 \end{array}$$

18.
$$\begin{array}{r} 5 \\ 3 \\ +\ \square \\ \hline 13 \end{array}$$

Resolución de problemas • Aplicaciones En el mundo

ESCRIBE Matemáticas

Elige una manera de resolver.
Escribe o dibuja para explicar.

19. PIENSA MÁS Nick, Alex y Sophia comen 15 pasas en total. Nick y Alex comen 4 pasas cada uno. ¿Cuántas pasas come Sophia?

_______ pasas

20. PRÁCTICA MATEMÁTICA 1 **Analiza**
Hay 5 uvas verdes y 4 uvas rojas en un tazón. Eli pone 4 uvas más en el tazón. ¿Cuántas uvas hay en el tazón ahora?

_______ uvas

21. PIENSA MÁS La Sra. Moore compró 4 manzanas pequeñas, 6 manzanas medianas y 3 manzanas grandes. ¿Cuántas manzanas compró?

_______ manzanas

ACTIVIDAD PARA LA CASA • Pida a su niño que describa dos maneras de sumar 3, 6 y 2.

Nombre ______________________________

Álgebra • Sumar 3 sumandos

ESTÁNDARES COMUNES—2.OA.B.2
Suman y restan hasta el número 20.

Resuelve de dos maneras. Encierra en un círculo los dos sumandos que sumas primero.

1. 2 + 3 + 7 = ____ 2 + 3 + 7 = ____

2. 5 + 3 + 3 = ____ 5 + 3 + 3 = ____

3. 4 + 5 + 4 = ____ 4 + 5 + 4 = ____

4. $\begin{array}{r} 5 \\ 4 \\ +\ 5 \\ \hline \end{array}$ $\begin{array}{r} 5 \\ 4 \\ +\ 5 \\ \hline \end{array}$

5. $\begin{array}{r} 6 \\ 3 \\ +\ 4 \\ \hline \end{array}$ $\begin{array}{r} 6 \\ 3 \\ +\ 4 \\ \hline \end{array}$

Resolución de problemas En el mundo

Elige una manera de resolver. Escribe o dibuja para explicar.

6. Amber tiene 2 crayones rojos, 5 crayones azules y 4 crayones amarillos. ¿Cuántos crayones tiene en total?

____ crayones

7. ESCRIBE **Matemáticas** Escribe o dibuja para explicar dos formas de hallar la suma de 3 + 4 + 5.

____

Repaso de la lección (2.OA.B.2)

1. ¿Cuál es la suma de 2 + 4 + 6?

____

2. ¿Cuál es la suma de 5 + 4 + 2?

____

Repaso en espiral (2.NBT.A.1a, 2.NBT.A.1b, 2.NBT.A.3, 2.NBT.A.4, 2.NBT.B.8)

3. Escribe >, < o = para comparar.

688 ____ 648

4. ¿Qué número puede escribirse como 4 decenas, 2 unidades?

____

5. ¿Qué número tiene el mismo valor que 50 decenas?

____

6. ¿Cuál es el siguiente número del patrón?

420, 520, 620, 720, ____

PRACTICA MÁS CON EL Entrenador personal en matemáticas

Nombre ______________________________

Álgebra • Relacionar la suma y la resta

Pregunta esencial ¿Cómo se relacionan la suma y la resta?

Estándares comunes **Operaciones y pensamiento algebraico—2.OA.B.2**

PRÁCTICAS MATEMÁTICAS
MP2, MP6, MP8

Escucha y dibuja En el mundo

Completa el modelo de barras para mostrar el problema.

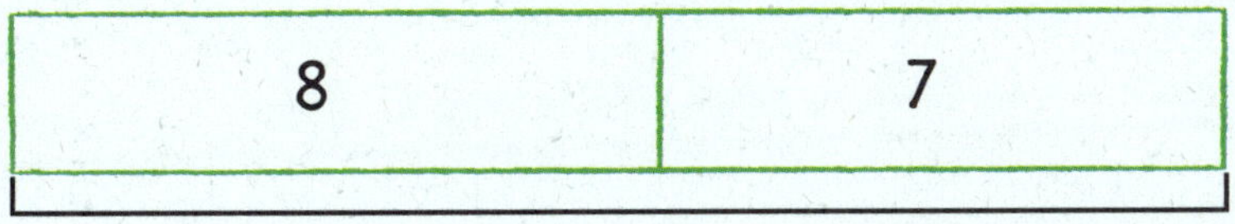

______ pelotas de fútbol

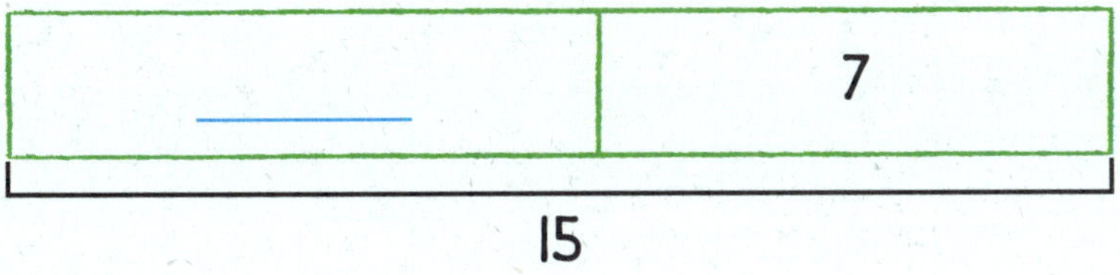

______ pelotas de fútbol

PARA EL MAESTRO • Lea los siguientes problemas. Pida a los niños que completen el modelo de barras de cada uno. El equipo de fútbol tiene 8 pelotas rojas y 7 pelotas amarillas. ¿Cuántas pelotas de fútbol tiene el equipo? El equipo de fútbol tiene 15 pelotas en el vestuario. Los niños sacaron las 7 pelotas amarillas para el campo. ¿Cuántas pelotas de fútbol quedan adentro?

Charla matemática PRÁCTICAS MATEMÁTICAS 6

Explica en qué se parecen y en qué se diferencian los modelos de barras.

Representa y dibuja

Puedes usar operaciones de suma para recordar **diferencias**. Las operaciones relacionadas tienen las mismas partes y el mismo entero.

Piensa en los sumandos de una operación de suma para hallar la diferencia en una operación de resta relacionada.

6	7

13

$6 + 7 =$ 13

____	7

13

$13 - 7 =$ ____

Comparte y muestra

MATH BOARD

Escribe la suma y la diferencia de las operaciones relacionadas.

1. $5 + 4 =$ ____
   $9 - 4 =$ ____

2. $2 + 7 =$ ____
   $9 - 2 =$ ____

3. $3 + 8 =$ ____
   $11 - 8 =$ ____

4. $5 + 8 =$ ____
   $13 - 5 =$ ____

5. ____ $= 1 + 8$
   ____ $= 9 - 1$

6. $9 + 9 =$ ____
   $18 - 9 =$ ____

7. ____ $= 8 + 7$
   ____ $= 15 - 8$

8. $4 + 7 =$ ____
   $11 - 7 =$ ____

9. $7 + 5 =$ ____
   $12 - 7 =$ ____

Nombre ______________________

Por tu cuenta

Escribe la suma y la diferencia de las operaciones relacionadas.

10. $4 + 3 =$ ____
$7 - 3 =$ ____

11. $2 + 6 =$ ____
$8 - 6 =$ ____

12. $6 + 4 =$ ____
$10 - 6 =$ ____

13. $7 + 3 =$ ____
$10 - 7 =$ ____

14. $8 + 6 =$ ____
$14 - 6 =$ ____

15. ____ $= 3 + 9$
____ $= 12 - 9$

16. $6 + 5 =$ ____
$11 - 5 =$ ____

17. $7 + 7 =$ ____
$14 - 7 =$ ____

18. $9 + 6 =$ ____
$15 - 9 =$ ____

19. $5 + 9 =$ ____
$14 - 9 =$ ____

20. ____ $= 4 + 8$
____ $= 12 - 4$

21. $9 + 7 =$ ____
$16 - 7 =$ ____

PRÁCTICA MATEMÁTICA 6 **Haz conexiones**

Escribe una operación de resta relacionada para cada operación de suma.

22. $7 + 8 = 15$
____

23. $5 + 7 = 12$
____

24. $6 + 7 = 13$
____

25. $9 + 8 = 17$
____

Resolución de problemas • Aplicaciones

ESCRIBE Matemáticas

Resuelve. Escribe o dibuja para explicar.

26. Trevor tiene 7 cometas.
Pam tiene 4 cometas.
¿Cuántas cometas más que Pam tiene Trevor?

_______ cometas más

27. PIENSA MÁS El Sr. Sims tiene una bolsa de 7 peras y otra bolsa de 6 peras. Su familia come 5 peras. ¿Cuántas peras quedan?

_______ peras

28. PIENSA MÁS Elin cuenta 7 gansos en el agua y otros en la orilla. Hay 16 gansos en total. Haz un dibujo para mostrar los dos grupos de gansos.

Escribe un enunciado numérico que te ayude a hallar cuántos gansos hay en total en la orilla.

____

¿Cuántos gansos hay en la orilla? _______ gansos

ACTIVIDAD PARA LA CASA • Pida a su niño que le diga algunas operaciones de resta que conozca bien.

Nombre ____________________

Álgebra • Relacionar la suma y la resta

Estándares comunes **ESTÁNDARES COMUNES—2.OA.B.2**
Suman y restan hasta el número 20.

Escribe la suma y la diferencia de las operaciones relacionadas.

1. $9 + 6 =$ ____ $15 - 6 =$ ____	**2.** $8 + 5 =$ ____ $13 - 5 =$ ____	**3.** $9 + 9 =$ ____ $18 - 9 =$ ____
4. $7 + 3 =$ ____ $10 - 3 =$ ____	**5.** $7 + 5 =$ ____ $12 - 5 =$ ____	**6.** $6 + 8 =$ ____ $14 - 6 =$ ____
7. $6 + 7 =$ ____ $13 - 6 =$ ____	**8.** $8 + 8 =$ ____ $16 - 8 =$ ____	**9.** $6 + 4 =$ ____ $10 - 4 =$ ____

Resolución de problemas — En el mundo

Resuelve. Escribe o dibuja para explicar.

10. Hay 13 niños en el autobús. Luego bajan 5 niños del autobús. ¿Cuántos niños hay en el autobús ahora?

____ niños

11. ESCRIBE **Matemáticas** Escribe una operación de resta relacionada para 9 + 3 = 12. Explica qué relación hay entre las dos operaciones.

____

Repaso de la lección (2.OA.B.2)

1. Escribe una operación de suma relacionada para $15 - 6 = 9$.

____ + ____ = ____

2. Escribe una operación de resta relacionada para $5 + 7 = 12$.

____ − ____ = ____

Repaso en espiral (2.NBT.A.1, 2.NBT.A.3, 2.NBT.B.8)

3. ¿Cuál es otra manera de escribir 4 centenas?

____

4. ¿Cuál es el siguiente número del patrón?

515, 615, 715, 815, ____

5. ¿Qué número tiene 10 más que 237?

____

6. Escribe el número 110 en centenas y decenas.

____ + ____

PRACTICA MÁS CON EL
Entrenador personal en matemáticas

Nombre ______________________________

Practicar operaciones de resta

Pregunta esencial ¿De qué maneras se pueden recordar las diferencias?

Estándares comunes **Operaciones y pensamiento algebraico—2.OA.B.2**
PRÁCTICAS MATEMÁTICAS
MP1, MP3

Escucha y dibuja En el mundo

Usa el modelo de Gina para responder la pregunta.

Modelo de Gina

______________________ ______________________

______________________ ______________________

Charla matemática PRÁCTICAS MATEMÁTICAS 3

Compara estrategias
Explica cómo se relacionan las diferentes operaciones del modelo de Gina.

PARA EL MAESTRO • Diga a los niños que Gina puso 4 fichas cuadradas de colores dentro del círculo y luego puso 3 fichas cuadradas de colores fuera del círculo. Luego pregunte: ¿Qué operación de suma podría escribirse para el modelo de Gina? Repita con problemas para las tres operaciones que están relacionadas con esta operación de suma.

Representa y dibuja

Estas son algunas maneras de hallar diferencias.

Puedes contar hacia atrás de 1 en 1, de 2 en 2 o de 3 en 3.

7 − 2 = ____

Comienza con 7. Di 6, 5.

9 − 3 = ____

Comienza con 9. Di 8, 7, 6.

Puedes pensar en el sumando que falta para restar.

8 − 5 = ■

5 + 3 = 8

Por lo tanto, 8 − 5 = ____.

Comparte y muestra

MATH BOARD

Escribe la diferencia.

1. 6 − 4 = ____
2. 10 − 7 = ____
3. ____ = 5 − 2
4. 14 − 6 = ____
5. ____ = 8 − 4
6. 11 − 3 = ____
7. ____ = 7 − 5
8. 10 − 4 = ____
9. 5 − 0 = ____
10. 13 − 9 = ____
11. 9 − 3 = ____
12. ____ = 7 − 6
13. 12 − 3 = ____
14. 6 − 3 = ____
15. 9 − 5 = ____
16. 10 − 6 = ____
17. ____ = 8 − 3
18. 13 − 5 = ____

Nombre ______________________________

Por tu cuenta

Escribe la diferencia.

19. 11 − 2 = ____	20. 9 − 7 = ____	21. ____ = 7 − 4
22. 12 − 5 = ____	23. 8 − 6 = ____	24. ____ = 7 − 0
25. ____ = 10 − 5	26. 15 − 8 = ____	27. 13 − 7 = ____
28. 10 − 8 = ____	29. 8 − 5 = ____	30. ____ = 9 − 6
31. ____ = 9 − 4	32. 11 − 8 = ____	33. 12 − 7 = ____

34. **PIENSA MÁS**

Escribe las diferencias. Luego escribe la siguiente operación del patrón.

10 − 1 = ____	12 − 9 = ____	18 − 9 = ____
8 − 1 = ____	13 − 9 = ____	17 − 8 = ____
6 − 1 = ____	14 − 9 = ____	16 − 7 = ____
4 − 1 = ____	15 − 9 = ____	15 − 6 = ____
____________	____________	____________

ACTIVIDAD PARA LA CASA • Practique en voz alta las operaciones de resta de esta lección con su niño.

Nombre ______________________________

Revisión de la mitad del capítulo

Conceptos y destrezas

Entrenador personal en matemáticas
Evaluación e intervención en línea

Escribe la suma. (2.OA.B.2)

1. 3 + 6 = ____
2. 8 + 0 = ____
3. 7 + 7 = ____
4. 9 + 4 = ____
5. ____ = 5 + 6
6. 2 + 8 = ____
7. 3 + 7 + 2 = ____
8. 4 + 4 + 6 = ____

Muestra cómo formar una decena para hallar la suma.
Escribe la suma. (2.OA.B.2)

9. 9 + 7 = ____

   10 + ____ = ____

10. 6 + 8 = ____

   10 + ____ = ____

Escribe la suma y la diferencia de las operaciones relacionadas. (2.OA.B.2)

11. 5 + 4 = ____

    9 − 4 = ____

12. 3 + 9 = ____

    12 − 9 = ____

13. 8 + 7 = ____

    15 − 8 = ____

14. PIENSA MÁS Lily tiene 6 carritos de juguete y Yong tiene 5 carritos de juguete. ¿Cuántos carritos de juguete tienen en total? (2.OA.B.2)

____ carritos de juguete

Nombre ____________________

Practicar operaciones de resta

Estándares comunes **ESTÁNDARES COMUNES—2.OA.B.2**
Suman y restan hasta el número 20.

Escribe la diferencia.

1. 15 − 9 = ____	2. 13 − 8 = ____	3. ____ − 13 = 5
4. 14 − 7 = ____	5. 10 − 8 = ____	6. 12 − 7 = ____
7. ____ − 10 = 7	8. 16 − 7 = ____	9. 8 − 4 = ____
10. 11 − 5 = ____	11. 13 − 6 = ____	12. ____ − 12 = 9
13. 16 − 9 = ____	14. ____ − 11 = 9	15. 12 − 8 = ____

Resolución de problemas En el mundo

Resuelve. Escribe o dibuja para explicar.

16. El maestro Li tiene 16 lápices. Les da 9 lápices a algunos estudiantes. ¿Cuántos lápices tiene el maestro Li ahora?

____ lápices

17. ESCRIBE Matemáticas Escribe o dibuja para explicar dos formas distintas de hallar la diferencia de 12 – 3.

____

Repaso de la lección (2.OA.B.2)

1. Escribe la diferencia.

$13 - 6 =$ ____

2. Escribe la diferencia.

$12 - 3 =$ ____

Repaso en espiral (2.NBT.A.1, 2.NBT.A.1a, 2.NBT.A.1b, 2.NBT.A.2, 2.NBT.A.3)

3. ¿Cuál es el valor del dígito subrayado?

6$\underline{2}$5

____

4. Cuenta de cinco en cinco.

405, ____, ____, ____

5. Devin tiene 39 bloques. ¿Cuál es el valor del dígito 9 en este número?

____

6. ¿Qué número tiene el mismo valor que 20 decenas?

____

Nombre ______________________________

Restar usando una decena

Pregunta esencial ¿Por qué es más fácil hallar diferencias si se obtiene 10 en una resta?

Estándares comunes **Operaciones y pensamiento algebraico—2.OA.B.2**
También 2.MD.B.6
PRÁCTICAS MATEMÁTICAS
MP5, MP7,MP8

Escucha y dibuja En el mundo

Encierra en un círculo la cantidad que restas en cada problema.

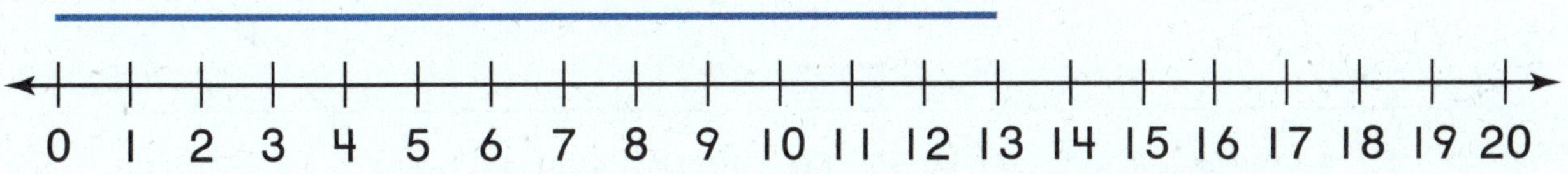

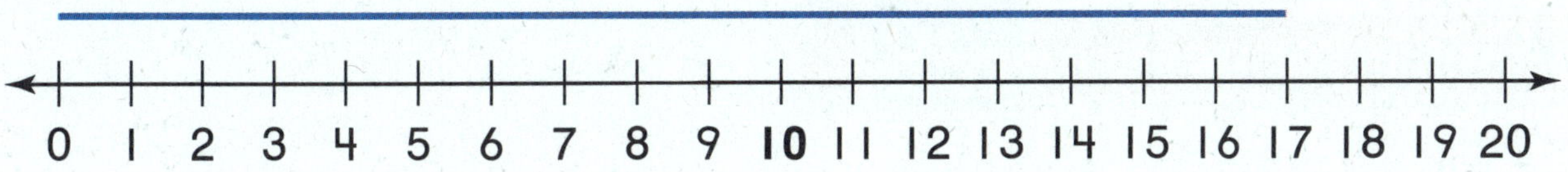

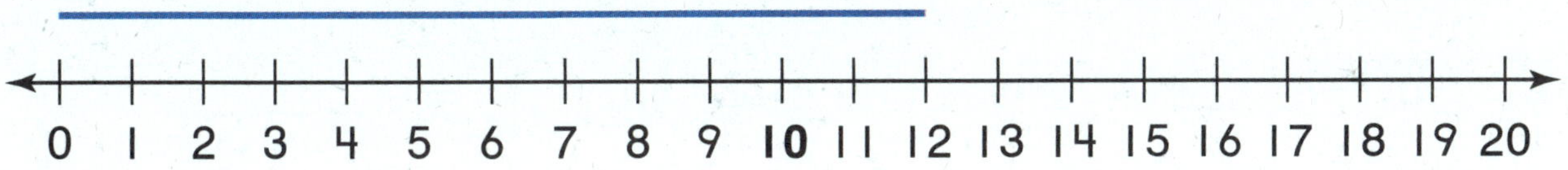

PARA EL MAESTRO • Lea el siguiente problema. Deveron tiene 13 crayones. Le da 3 crayones a Tyler. ¿Cuántos crayones tiene Deveron ahora? Pida a los niños que encierren en un círculo la parte del segmento de recta azul que muestre lo que se resta del entero. Repita la actividad con dos problemas más.

Charla matemática — PRÁCTICAS MATEMÁTICAS 7

Busca estructuras
Describe un patrón de los tres problemas y sus respuestas.

Representa y dibuja

Puedes restar por pasos para hacer una operación con decenas.

$14 - 6 = ?$

4 2

Resta por pasos:
14 - 4 = 10
10 - 2 = 8

Por lo tanto, $14 - 6 =$ 8.

Comparte y muestra MATH BOARD

Muestra la operación con decenas que hiciste. Escribe la diferencia.

1. $12 - 5 =$ ____
   2 3
   $10 -$ ____ $=$ ____

2. $11 - 6 =$ ____
   1 5
   $10 -$ ____ $=$ ____

3. $15 - 7 =$ ____
   $10 -$ ____ $=$ ____

4. $13 - 7 =$ ____
   $10 -$ ____ $=$ ____

Nombre ____________________________

Por tu cuenta MATH BOARD

Muestra la operación con decenas que hiciste.
Escribe la diferencia.

←0 1 2 3 4 5 6 7 8 9 **10** 11 12 13 14 15 16 17 18 19 20→

5. 13 − 5 = ____

3 2

10 − ____ = ____

6. 15 − 6 = ____

5 1

10 − ____ = ____

7. 12 − 8 = ____

10 − ____ = ____

8. 14 − 8 = ____

10 − ____ = ____

9. PIENSA MÁS Chris tenía 15 adhesivos. Dio a Ann y Suzy el mismo número de adhesivos. Ahora Chris tiene 7 adhesivos. ¿Cuántos adhesivos dio a cada niña?

____ adhesivos

Resuelve. Escribe o dibuja para explicar.

10. PIENSA MÁS Beth tiene una caja de 16 crayones. Le da 3 crayones a Jake y 7 crayones a Wendy. ¿Cuántos crayones tiene Beth ahora?

____ crayones

Resolución de problemas • Aplicaciones

ESCRIBE Matemáticas

MÁS AL DETALLE Escribe enunciados numéricos que tienen tanto suma como resta. Usa cada opción solo una vez.

~~9 − 2~~
~~3 + 4~~
1 + 4
14 − 6
5 + 4
15 − 6
10 − 5
4 + 4

11. 9 − 2 = 3 + 4

7 = 7

12. ______ = ______

13. ______ = ______

14. ______ = ______

15. PIENSA MÁS ¿La oración numérica tiene la misma diferencia que 15 − 7 = ■? Elige Sí o No.

10 − 6 = ■	○ Sí	○ No
10 − 2 = ■	○ Sí	○ No
10 − 4 = ■	○ Sí	○ No

ACTIVIDAD PARA LA CASA • Pida a su niño que diga pares de números que tengan una diferencia de 10. Luego pídale que escriba los enunciados numéricos.

Nombre ______________________________

Restar usando una decena

Estándares comunes **ESTÁNDARES COMUNES—2.OA.B.2**
Suman y restan hasta el número 20.

Muestra la operación con decenas que usaste. Escribe la diferencia.

1. $14 - 6 =$ ____

$10 -$ ____ $=$ ____

2. $12 - 7 =$ ____

$10 -$ ____ $=$ ____

3. $13 - 7 =$ ____

$10 -$ ____ $=$ ____

4. $15 - 8 =$ ____

$10 -$ ____ $=$ ____

Resolución de problemas En el mundo

Resuelve. Escribe o dibuja la explicación.

5. Carl leyó 15 páginas el lunes en la noche y 9 páginas el martes en la noche. ¿Cuántas páginas más leyó el lunes en la noche que el martes en la noche?

____ páginas más

6. ESCRIBE Matemáticas Describe cómo usar una operación con decenas para hallar la diferencia de 15–8.

____

Repaso de la lección (2.OA.B.2)

1. Muestra la operación de decenas que usaste.
Escribe la diferencia.

$12 - 6 =$ ____

$10 - 4 =$ ____

2. Muestra la operación de decenas que usaste.
Escribe la diferencia.

$13 - 8 =$ ____

$10 - 5 =$ ____

Repaso en espiral (2.OA.B.2, 2.NBT.A.4)

3. Escribe una operación de resta relacionada para $7 + 3 = 10$.

____

4. Joe tiene 8 camioncitos. Carmen tiene 1 camioncito más que Joe. ¿Cuántos camioncitos tienen los dos en total?

____

5. Hay 276 personas en el avión. Escribe un número que sea mayor que 276.

____

6. Escribe >, < o = para comparar.

537 ____ 375

Lección 3.8

Nombre ______________________________

Álgebra • Hacer dibujos para representar problemas

Pregunta esencial ¿Cómo se usan los modelos de barras para mostrar problemas de suma y de resta?

Estándares comunes **Operaciones y pensamiento algebraico—2.OA.A.1**

PRÁCTICAS MATEMÁTICAS **MP1, MP4, MP6**

Escucha y dibuja — En el mundo

Completa el modelo de barras para mostrar el problema. Completa el enunciado numérico para resolver.

______ + ______ = ______ ______ monedas de 1¢

______ − ______ = ______ ______ monedas de 1¢

PARA EL MAESTRO • Lea cada problema y pida a los niños que completen los modelos de barras. Hailey tiene 5 monedas de 1¢ en el bolsillo y 7 monedas de 1¢ en la cartera. ¿Cuántas monedas de 1¢ tiene en total? Blake tiene 12 monedas de 1¢ en su alcancía. Le da 5 monedas de 1¢ a su hermana. ¿Cuántas monedas de 1¢ tiene ahora?

Charla matemática — PRÁCTICAS MATEMÁTICAS 6

Explica en qué se parecen y en qué se diferencian los problemas.

Representa y dibuja

Puedes usar modelos de barras para mostrar problemas.

Ben come 14 galletas. Ron come 6 galletas. ¿Cuántas galletas más que Ron come Ben?

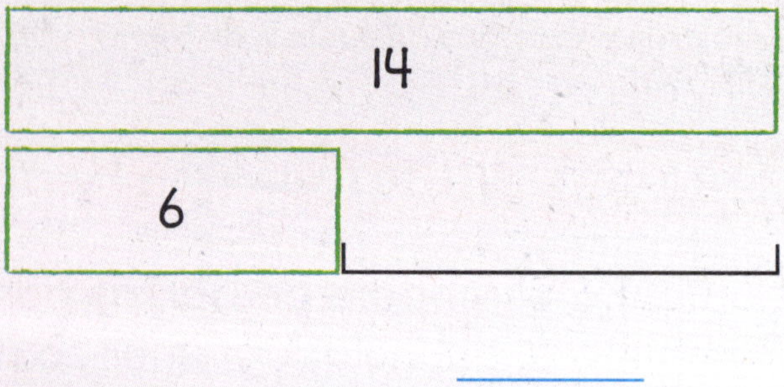

$14 - 6 = 8$ ______________________

_____ galletas más

Suzy tenía 14 galletas. Le dio 6 galletas a Grace. ¿Cuántas galletas tiene Suzy ahora?

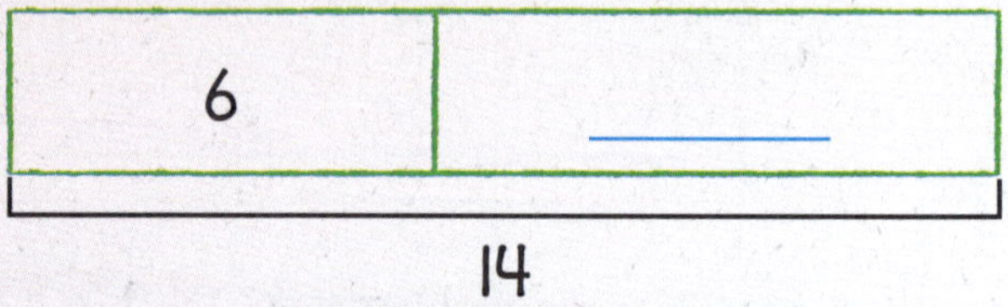

____

_____ galletas

Comparte y muestra

MATH BOARD

Completa el modelo de barras. Luego escribe un enunciado numérico para resolver.

1. El Sr. James compró 15 rosquillas simples y 9 rosquillas con pasas. ¿Cuántas rosquillas simples más que rosquillas con pasas compró?

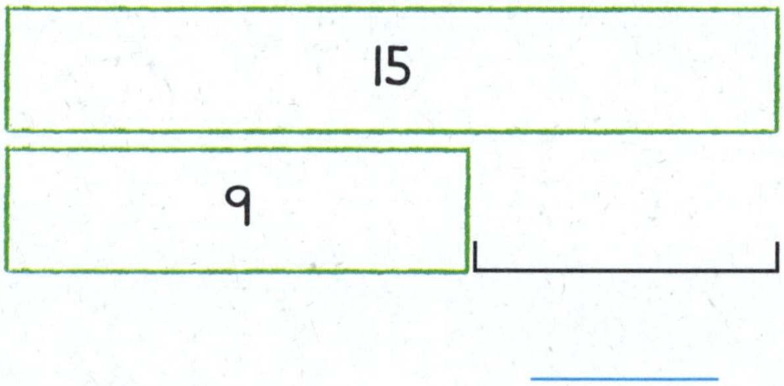

____

_______ rosquillas simples más

Nombre ______________________________

Por tu cuenta

Completa el modelo de barras. Luego escribe un enunciado numérico para resolver.

2. Cole tiene 5 libros sobre perros y 6 libros sobre gatos. ¿Cuántos libros tiene Cole?

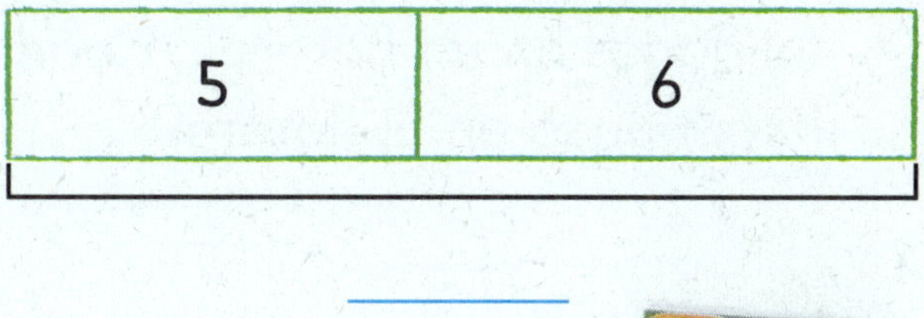

____

________ libros

3. PIENSA MÁS Anne tiene 16 clips azules y 9 clips rojos. ¿Cuántos clips azules más que clips rojos tiene?

____

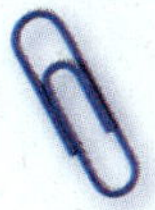

________ clips azules más

4. MÁS AL DETALLE Completa los espacios en blanco. Luego rotula el modelo de barras y resuelve. La señorita Gore tenía 18 lápices.
Le dio _____ lápices a Erin.
¿Cuántos lápices tiene la señorita Gore ahora?

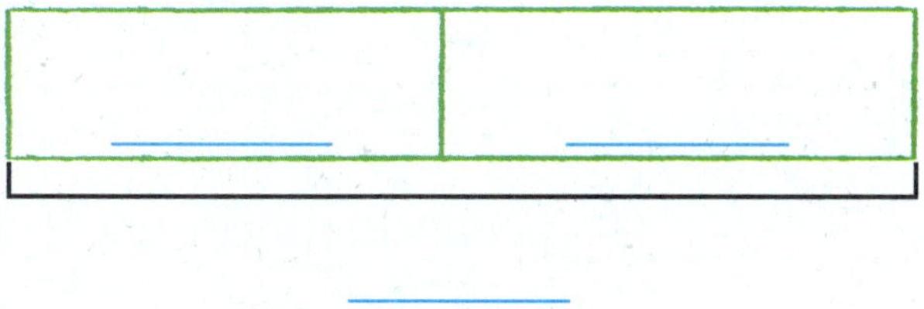

________ lápices

Resolución de problemas • Aplicaciones En el mundo

ESCRIBE Matemáticas

Usa la información de la tabla para resolver. Escribe o dibuja para explicar.

Flores que recogió Jenna	
Flores	**Número**
rosas	6
tulipanes	8
margaritas	11

5. Jenna pone todas las rosas y los tulipanes en un florero. ¿Cuántas flores puso en el florero?

_______ flores

6. PIENSA MÁS Cuatro de las margaritas son blancas. Las otras margaritas son amarillas. ¿Cuántas margaritas son amarillas?

_______ margaritas amarillas

7. PIENSA MÁS Rita cuenta 4 ranas en la hierba y otras en el agua. Hay 10 ranas en total. ¿Cuántas ranas hay en el agua? Haz un dibujo y escribe un enunciado numérico para resolver.

____

_______ ranas están en el agua.

ACTIVIDAD PARA LA CASA • Pida a su niño que describa lo que aprendió en esta lección.

Nombre ______________________________

Álgebra • Hacer dibujos para representar problemas

ESTÁNDARES COMUNES—2.OA.A.1
Representan y resuelven problemas relacionados a la suma y a la resta.

Completa el modelo de barras. Luego escribe un enunciado numérico para resolver.

1. Adam tiene 12 camioncitos. Le regala 4 camioncitos a Ed. ¿Cuántos camioncitos tiene Adam ahora?

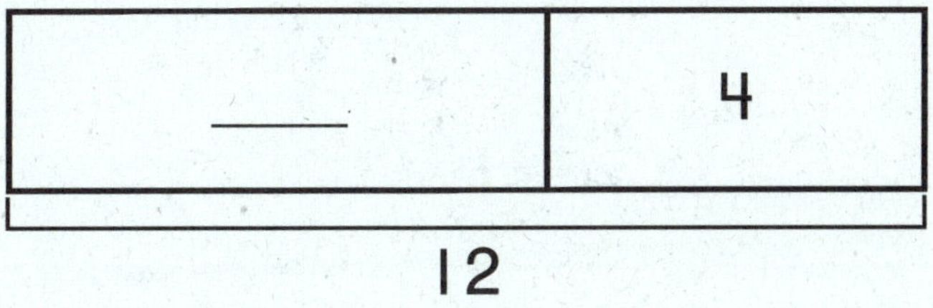

____

____ camioncitos

2. La abuela tiene 14 rosas rojas y 7 rosas rosadas. ¿Cuántas rosas rojas más que rosas rosadas tiene?

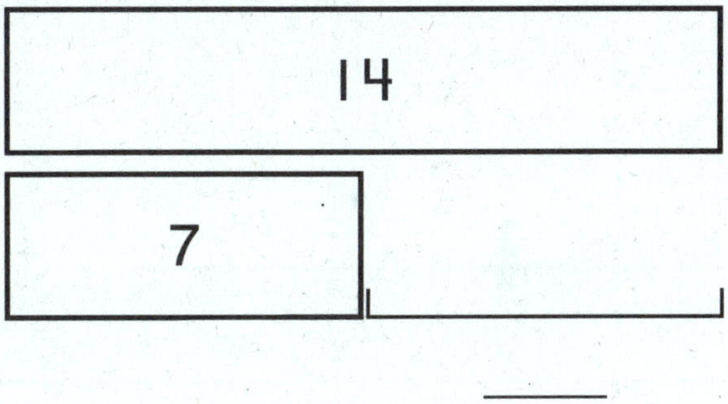

____

____ rosas rojas más

3. ESCRIBE Matemáticas Explica cómo usaste el modelo de barras para resolver el problema del Ejercicio 2.

____

____

Repaso de la lección (2.OA.A.1)

1. Completa el modelo de barras. Luego resuelve. Abby tiene 16 uvas. Jason tiene 9 uvas. ¿Cuántas uvas más que Jason tiene Abby?

______ uvas más

Repaso en espiral (2.OA.B.2, 2.NBT.A.3)

2. Escribe una operación de resta que tenga la misma diferencia que 16 − 7.

____

3. ¿Cuál es la diferencia?

$18 - 9 =$ ____

4. ¿Cuál es otra manera de escribir 300 + 20 + 5?

____

5. ¿Cuál es el valor del dígito subrayado?

$\underline{2}8$

____

Nombre ____________________

Álgebra • Usar ecuaciones para representar problemas

Pregunta esencial ¿Cómo se usan los enunciados numéricos para mostrar situaciones de suma y resta?

Estándares comunes **Operaciones y pensamiento algebraico—2.OA.A.1**

PRÁCTICAS MATEMÁTICAS
MP1, MP2, MP4

Escucha y dibuja — En el mundo

Escribe un problema que pueda resolverse con este modelo de barras.

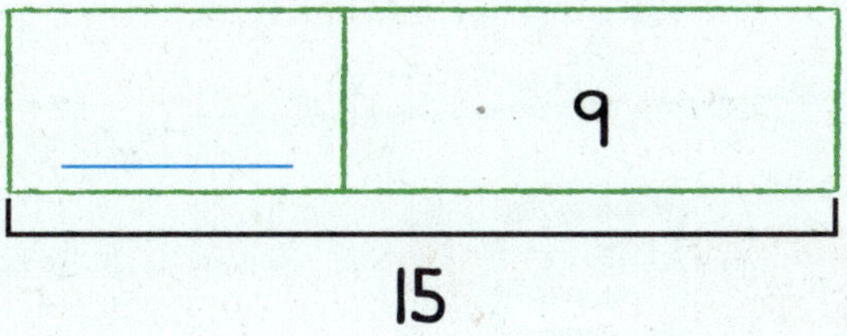

____

____

____

____

____

PARA EL MAESTRO • Comente con los niños cómo puede usarse este modelo de barras para representar una situación de suma o resta.

Charla matemática PRÁCTICAS MATEMÁTICAS 2

¿Deberías sumar o restar para resolver tu problema? **Explica.**

Representa y dibuja

Un problema puede representarse con un enunciado numérico.

Había varias niñas y 4 niños en el parque.
Había 9 niños y niñas en total. ¿Cuántas niñas había en el parque?

$\blacksquare + 4 = 9$

El ■ es un marcador de posición para el número que falta.

Piensa: $5 + 4 = 9$

Por lo tanto, había 5 niñas en el parque.

Comparte y muestra

MATH BOARD

Escribe un enunciado numérico para el problema.
Usa un ■ para el número que falta. Luego resuelve.

1. Había 14 hormigas en la acera. Luego 6 hormigas se fueron al césped. ¿Cuántas hormigas quedaron en la acera?

____

________ hormigas

2. Había 7 perros grandes y 4 perros pequeños en el parque. ¿Cuántos perros había en el parque?

____

________ perros

Nombre ___

Por tu cuenta

Escribe un enunciado numérico para el problema.
Usa un ■ para el número que falta. Luego resuelve.

3. Un grupo de niños estaba volando 13 cometas. Algunas cometas se guardaron. Luego los niños estaban volando 7 cometas. ¿Cuántas cometas se guardaron?

___

___ cometas

4. Hay 18 niños en el campo. 9 de los niños están jugando fútbol. ¿Cuántos niños no están jugando fútbol?

___

___ niños

5. PRÁCTICA MATEMÁTICA 2 **Usa razonamiento** Mathew encontró 9 bellotas. Greg encontró 6 bellotas. ¿Cuántas bellotas encontraron ambos niños?

___

___ bellotas

6. PIENSA MÁS Había algunos patos en un estanque. Llegaron cuatro patos más. Entonces había 12 patos en el estanque. ¿Cuántos patos había en el estanque al comienzo?

___ patos

Resolución de problemas • Aplicaciones En el mundo

ESCRIBE Matemáticas

Lee el problema. Escribe o dibuja para mostrar cómo resolviste los problemas.

En el campamento hay 5 niños jugando y 4 niños haciendo manualidades. Hay otros 5 niños merendando.

7. ¿Cuántos niños hay en el campamento en total?

_______ niños

8. MÁS AL DETALLE Imagina que llegan 7 niños más al campamento y se unen a los niños que están jugando. ¿Cuántos niños más hay jugando que niños que no están jugando?

_______ niños más

Entrenador personal en matemáticas

9. PIENSA MÁS + Ashley tenía 9 crayones. Le dio 4 crayones a su hermano. ¿Cuántos crayones tiene Ashley ahora? Escribe un enunciado numérico para el problema. Usa un ■ para el número que falta. Luego resuelve.

____

Ashley tiene _______ crayones ahora.

ACTIVIDAD PARA LA CASA • Pida a su niño que explique cómo resolvió uno de los problemas de esta página.

Nombre ______________________________

Álgebra • Usar ecuaciones para representar problemas

Estándares comunes

ESTÁNDARES COMUNES—2.OA.A.1
Representan y resuelven problemas relacionados a la suma y a la resta.

Escribe un enunciado numérico para el problema. Usa ■ para el número que falta. Luego resuelve.

1. Había 15 manzanas en un tazón. Dany usó algunas manzanas para hacer un pastel. Ahora hay 7 manzanas en el tazón. ¿Cuántas manzanas usó Dany para hacer el pastel?

____

_____ manzanas

2. Amy tiene 16 bolsas de regalo. Llena 8 bolsas de regalo con silbatos. ¿Cuántas bolsas de regalo no tienen silbatos?

____

_____ bolsas de regalo

Resolución de problemas En el mundo

Escribe o haz un dibujo que muestre cómo resolviste el problema.

3. Tony tiene 7 cubos azules y 6 cubos rojos. ¿Cuántos cubos tiene en total?

_____ cubos

4. ESCRIBE Matemáticas Escribe un problema para el enunciado de suma 7 + ■ = 9. Resuelve el problema.

____

____

____

Repaso de la lección (2.OA.A.1)

1. Fred peló 9 zanahorias. Nancy peló 6 zanahorias. ¿Cuántas zanahorias menos que Fred peló Nancy?

_____ zanahorias menos

2. Omar tiene 8 canicas. Joy tiene 7 canicas. ¿Cuántas canicas tienen en total?

_____ canicas

Repaso en espiral (2.OA.B.2, 2.NBT.A.1)

3. ¿Cuál es la suma?

$8 + 8 =$ _____

4. ¿Cuál es la suma?

$5 + 4 + 3 =$ _____

5. ¿Qué número tiene el mismo valor que 1 centena, 7 decenas?

_____

6. ¿Cuál es otra manera de escribir el número 358?

_____ centenas _____ decenas

_____ unidades

Nombre ______________________________

Resolución de problemas • Grupos iguales

Pregunta esencial ¿Cómo ayuda la representación cuando se resuelve un problema de grupos iguales?

Estándares comunes **Operaciones y pensamiento algebraico—2.OA.C.4**
PRÁCTICAS MATEMÁTICAS
MP1, MP5, MP7

Theo pone sus adhesivos en 5 hileras. Hay 3 adhesivos en cada hilera. ¿Cuántos adhesivos tiene Theo?

Soluciona el problema — En el mundo

Manos a la obra

¿Qué debo hallar?

cuántos adhesivos
tiene Theo

¿Qué información debo usar?

5 hileras de adhesivos
3 adhesivos en cada hilera

Muestra cómo resolver el problema.

_______ adhesivos

NOTA A LA FAMILIA: Su niño representó el problema con fichas. Las fichas son una herramienta concreta que ayuda a los niños a representar el problema.

Haz otro problema

Representa el problema.
Haz un dibujo que muestre lo que hiciste.

- ¿Qué debo hallar?
- ¿Qué información debo usar?

1. María pone sus postales en 4 hileras.
Hay 3 postales en cada hilera.
¿Cuántas postales tiene María?

_______ postales

2. Jamal pone 4 juguetes en cada caja.
¿Cuántos juguetes pondrá en 4 cajas?

_______ juguetes

Charla matemática

PRÁCTICAS MATEMÁTICAS 7

Explica cómo te ayudó la representación y el conteo salteado a resolver el segundo problema.

Nombre ______________________________

Comparte y muestra

Representa el problema.
Haz un dibujo que muestre lo que hiciste.

3. El Sr. Fulton pone 3 bananas en cada bandeja. ¿Cuántas bananas hay en 4 bandejas?

_______ bananas

4. Hay 3 hileras de manzanas. Hay 5 manzanas en cada hilera. ¿Cuántas manzanas hay en total?

_______ manzanas

5. PIENSA MÁS Hay 4 platos. Dexter pone 2 uvas en cada plato. Luego pone 2 uvas en 6 platos más. ¿Cuántas uvas pone en los platos en total?

_______ uvas

Resolución de problemas • Aplicaciones

ESCRIBE Matemáticas

6. PRÁCTICA MATEMÁTICA 6 **Haz conexiones**

Ángela representó un problema con estas fichas.

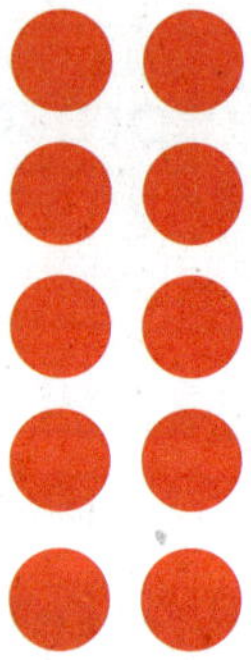

Escribe un problema de grupos iguales que Ángela podría haber representado con estas fichas.

____

____

____

7. PIENSA MÁS Max y 4 amigos toman prestados unos libros de la biblioteca. Cada persona toma 3 libros. Haz un dibujo que muestre los grupos de libros.

¿Cuántos libros tomaron prestados en total?

__________ libros

ACTIVIDAD PARA LA CASA • Pida a su niño que explique cómo resolvió uno de los problemas de esta lección.

Nombre ______________________

Resolución de problemas • Grupos iguales

ESTÁNDARES COMUNES—2.OA.C.4 *Trabajan con grupos equivalentes de objetos para establecer los fundamentos para la multiplicación.*

Haz una dramatización del problema.
Haz un dibujo que muestre lo que hiciste.

1. El Sr. Anderson tiene 4 platos de galletas. Hay 5 galletas en cada plato. ¿Cuántas galletas hay en total?

_____ galletas

2. La Sra. Trane pone algunos adhesivos en 3 hileras. Hay 2 adhesivos en cada hilera. ¿Cuántos adhesivos tiene la Sra. Trane?

_____ adhesivos

3. ESCRIBE Matemáticas Dibuja 3 hileras con 2 fichas en cada hilera. Escribe un problema que se pueda dramatizar usando esas fichas.

____

____

Repaso de la lección (2.OA.C.4)

1. Jaime pone 3 naranjas en cada bandeja. ¿Cuántas naranjas hay en 5 bandejas?

_____ naranjas

2. Maurice tiene 4 hileras de juguetes de 4 juguetes cada una. ¿Cuántos juguetes tiene en total?

_____ juguetes

Repaso en espiral (2.OA.A.1, 2.OA.B.2, 2.OA.C.3)

3. Jack tiene 12 lápices y 7 bolígrafos. ¿Cuántos lápices más que bolígrafos tiene?

_____ lápices

4. Laura tiene 9 manzanas. Jon tiene 6 manzanas. ¿Cuántas manzanas tienen los dos?

_____ manzanas

5. Encierra en un círculo el número par.

1 3 5 8

6. ¿Cuál es la suma?

7 + 9 = _____

Nombre ______________________

Álgebra • Suma repetida

Pregunta esencial ¿Cómo puedes escribir un enunciado de suma para problemas de grupos iguales?

Estándares comunes **Operaciones y pensamiento algebraico—2.OA.C.4**

PRÁCTICAS MATEMÁTICAS
MP1, MP4, MP6

Escucha y dibuja En el mundo

Usa fichas para representar el problema.
Luego haz un dibujo de tu modelo.

PARA EL MAESTRO • Lea el siguiente problema y pida a los niños que primero hagan un modelo del problema con fichas y después hagan un dibujo de su modelo. Clayton tiene 3 hileras de tarjetas. Hay 5 tarjetas en cada hilera. ¿Cuántas tarjetas tiene Clayton?

Charla matemática

PRÁCTICAS MATEMÁTICAS 1

Describe cómo hallaste el número total de fichas de tu modelo.

Representa y dibuja

Si tienes grupos iguales, puedes sumar para hallar la cantidad total.

3 hileras de 4

Escribe: 4 + 4 + 4 = ____

____ en total

Comparte y muestra MATH BOARD

Halla el número de figuras de cada hilera.
Completa el enunciado de suma para hallar el total.

1.

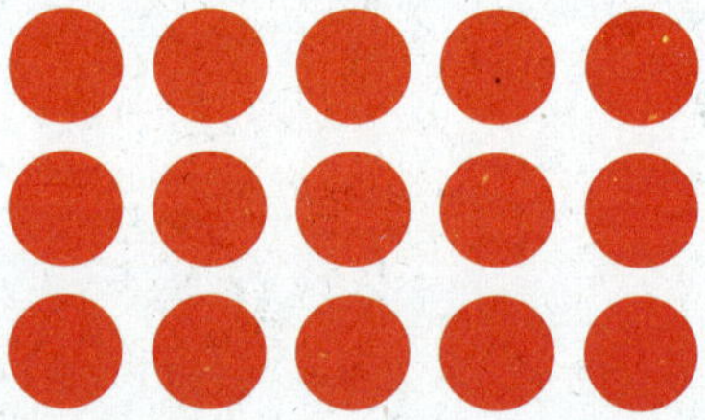

3 hileras de ____

____ + ____ + ____ = ____

2.

4 hileras de ____

____ + ____ + ____ + ____ = ____

3.

5 hileras de ____

____ + ____ + ____ + ____ + ____ = ____

Nombre ______________________________

Por tu cuenta

Halla el número de figuras de cada hilera.
Completa el enunciado de suma para hallar el total.

4.

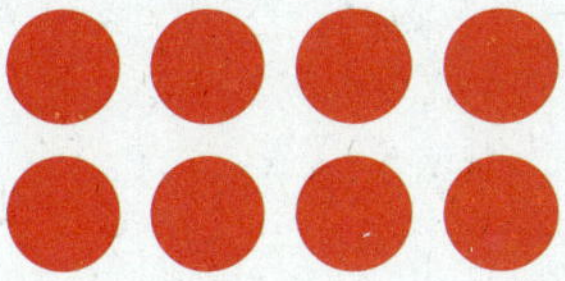

2 hileras de _____

_____ + _____ = _____

5.

3 hileras de _____

_____ + _____ + _____ = _____

6.

4 hileras de _____

___ + ___ + ___ + ___ = _____

7.

4 hileras de _____

___ + ___ + ___ + ___ = _____

8.

5 hileras de _____

_____ + _____ + _____ + _____ + _____ = _____

Resolución de problemas • Aplicaciones En el mundo

ESCRIBE Matemáticas

Resuelve. Escribe o dibuja para explicar.

9. PIENSA MÁS Hay 6 fotos en la pared. Hay 2 fotos en cada hilera. ¿Cuántas hileras de fotos hay?

Matemáticas al instante

_______ hileras

10. MÁS AL DETALLE La Sra. Chen pone 5 hileras de 2 sillas y 2 hileras de 3 sillas. ¿Cuántas sillas usa la Sra. Chen?

_______ sillas

11. PIENSA MÁS Halla el número de fichas de cada hilera. Completa el enunciado numérico para hallar el número total de fichas.

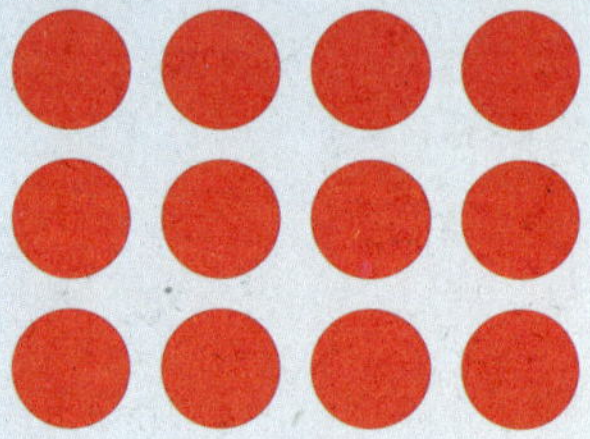

___ + ___ + ___ = ___

_______ fichas

ACTIVIDAD PARA LA CASA • Pida a su niño que haga 2 hileras con 4 objetos pequeños en cada una. Luego pida a su niño que halle el número total de objetos.

Nombre ______________________________

Álgebra • Suma repetida

ESTÁNDARES COMUNES—2.OA.C.4
Trabajan con grupos equivalentes de objetos para establecer los fundamentos para la multiplicación.

Halla el número de figuras de cada hilera. Completa el enunciado de suma para hallar el total.

1.

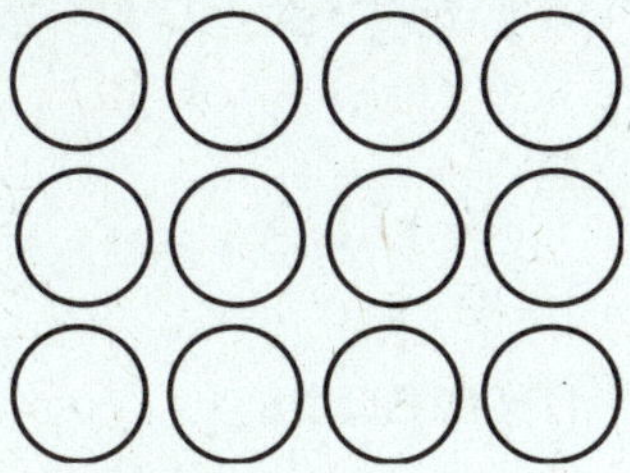

3 hileras de ____

____ + ____ + ____ = ____

2.

2 hileras de ____

____ + ____ = ____

Resolución de problemas En el mundo

Resuelve. Escribe o dibuja la explicación.

3. Un salón de clases tiene 3 hileras de pupitres. Hay 5 pupitres en cada hilera. ¿Cuántos pupitres hay en total?

____ pupitres

4. ESCRIBE Matemáticas Explica cómo se escribe un enunciado de suma para un dibujo de 4 hileras con 3 objetos en cada una.

____

____

Repaso de la lección (2.OA.C.4)

1. Un álbum tiene 4 páginas. Hay 2 adhesivos en cada página. ¿Cuántos adhesivos hay en total?

   ____ adhesivos

2. Ben forma 5 hileras de monedas. Coloca 3 monedas en cada hilera. ¿Cuántas monedas hay en total?

   ____ monedas

Repaso en espiral (2.OA.B.2, 2.NBT.A.2, 2.NBT.A.3)

3. Hay 5 manzanas y 4 naranjas. ¿Cuántas frutas hay?

   ____ frutas

4. Cuenta de diez en diez.

   40, ____, ____, ____, ____

5. Escribe el número 260 de otra manera.

   ____

6. Escribe una operación que tenga la misma suma que 7 + 5.

   ____

Nombre ______________________________

Entrenador personal en matemáticas
Evaluación e intervención en línea

Repaso y prueba del Capítulo 3

1. Erin pone 3 latas pequeñas, 4 latas medianas y 5 latas grandes en un estante. ¿Cuántas latas pone en el estante?

_______ latas

2. Rellena el círculo que está al lado de todas las operaciones de dobles que podrías usar para hallar la suma de 3 + 2.

- ○ 2 + 2
- ○ 5 + 5
- ○ 3 + 3
- ○ 1 + 1

3. ¿Tiene el enunciado numérico la misma diferencia que 14 − 6 = ■?
Elige Sí o No.

10 − 1 = ■	○ Sí	○ No
10 − 2 = ■	○ Sí	○ No
10 − 3 = ■	○ Sí	○ No
10 − 4 = ■	○ Sí	○ No

Opciones de evaluación
Prueba del capítulo

4. El Sr. Brown vendió 5 mochilas rojas y 8 mochilas azules. Escribe el enunciado numérico. Muestra cómo puedes formar una decena para hallar la suma. Escribe la suma.

5 + 8 = ______

10 + ______ = ______

5. Halla el número de figuras de cada hilera.

3 hileras de ______

Completa el enunciado de suma para hallar el total.

______ + ______ + ______ = ______

6. Tania y 3 amigos colocaron piedras sobre la mesa. Cada persona colocó 2 piedras sobre la mesa. Haz un dibujo que muestre los grupos de piedras.

¿Cuántas piedras pusieron sobre la mesa?

______ piedras

Nombre ______________________________

Entrenador personal en matemáticas

7. PIENSA MÁS Lily ve 15 perritos marrones y 8 perritos blancos en la tienda de animales. ¿Cuántos perritos marrones más que perritos blancos vio? Haz un dibujo y escribe un enunciado numérico para resolver.

____

_________ perritos marrones más

8. Mark cuenta 6 patos en un estanque y algunos patos en el césped. Hay 14 patos en total. Haz un dibujo que muestre los dos grupos de patos.

Escribe un enunciado numérico que te ayude a hallar cuántos patos hay en el césped.

_________ + _________ = _________

¿Cuántos patos hay en el césped? _________ patos

9. Hay 8 duraznos en una canasta. La Sra. Dalton pone 7 duraznos más en la canasta. Completa el enunciado de suma para hallar cuántos duraznos hay en la canasta ahora.

_________ + _________ = _________

_________ duraznos

10. MÁS AL DETALLE Usa los números de las fichas cuadradas para escribir las diferencias.
Luego escribe la operación que sigue en el patrón.

4	5	6	7

$12 - 6 =$ ______
$12 - 7 =$ ______
$12 - 8 =$ ______

____

$11 - 6 =$ ______
$12 - 6 =$ ______
$13 - 6 =$ ______

____

11. José quería compartir 18 fresas con su hermano a partes iguales. Haz un dibujo para mostrar cómo puede compartir José las fresas.

¿Cuántas fresas recibirá José?

______ fresas

12. Hank tiene 13 uvas. Le da 5 uvas a su hermana. ¿Cuántas uvas tiene Hank ahora? Escribe un enunciado numérico para el problema. Usa un ■ para el número que falta. Luego resuelve.

____

______ uvas